AF167922

Salut et bonjour!

Ich bin Francis und begleite dich durch dein Französischbuch.

Hier findest du alle Symbole und Verweise des Buches erklärt.

 Hörtext auf der CD (z. B. CD 1, Track 2)

DVD Filmszene passend zum Text (fakultativ)

 Schriftliche Aufgabe (Textproduktion)

 Partnerarbeit

 Partnerübung: Den Übungsteil für Partner B findest du im Annexe ab S. 102.

 Gruppenarbeit

Koop Bei dieser Übung müssen alle zusammen arbeiten.

 Hier bewegt ihr euch in der Klasse.

Differenzierung:

 ☐ leichtere Aufgabe

● anspruchsvollere Aufgabe

Differenzierung:

 ▶ p. 105 Die leichtere bzw. anspruchsvollere Aufgabenvariante findest du im Annexe ab S. 105.

DELF Diese Aufgabe eignet sich besonders für die Vorbereitung auf die DELF-Prüfung.

 Sprachmittlungsaufgabe

 [P|F] Portfolio/Lerntagebuch: Du dokumentierst deine Lernfortschritte.

 ▶ 3|2 Hier passt Carnet d'activités, S. 3, Übung 2.

 www. cornelsen.de/ webcodes ATOI-1B-14 Unter www.cornelsen.de/webcodes gibst du den jeweiligen Webcode ein (z. B. ATOI–1B–14). Dieser führt dich zum Gratis-Download.

Viel Erfolg und viel Spaß beim Französischlernen!

À toi ! 1B

Lehrwerk für den Französischunterricht

Die folgenden aufgelisteten Angebote sind nicht obligatorisch abzuarbeiten.
Die Auswahl der Aufgaben und Aufgabenteile richtet sich nach den Schwerpunkten des schulinternen Curriculums.

Inhalt

Bonjour! facultatif

Maxime Fournier

Anissa El Yaagoubi

Thomas Martin

Mehdi El Yaagoubi

Nicolas Moreau

Marie Guillaume

Laurine Fournier

Océane Moreau

Robin Teissier

1 Écoute et note les infos sur les jeunes. | Hör zu und notiere so viele Informationen wie möglich zu den Freunden aus Levallois.

2 Tu arrives chez ton corres en France. Posez les questions et répondez. | Du kommst bei deinem Austauschpartner in Frankreich an. Fragt euch gegenseitig und antwortet.

3|2

1 Ça va?

2 Je m'appelle ? . Et toi?

3 Tu es en cinquième?

4 Ton collège s'appelle comment?

17 Qu'est-ce qu'il y a dans ta chambre?

16 Tu as une chambre pour toi?

5 Tu as quel âge?

15 Qu'est-ce qu'il y a encore dans ton quartier?

6 Tu as des frères et sœurs? Ils s'appellent comment? Ils ont quel âge?

14 Il y a un cinéma dans ton quartier?

7 Tu as un animal? Il s'appelle comment? Il a quel âge?

13 Tu habites où?

12 Tu es d'où?

8 Tu parles bien français?

11 Qu'est-ce que tu n'aimes pas?

10 Qu'est-ce que tu aimes?

9 Tes parents s'appellent comment?

3 Qui gagne la course? | Wer gewinnt das Rennen?

– Ihr spielt zu dritt. A ist Spielleiter/in und schlägt die Seite 174 auf: Er/Sie kontrolliert die Lösungen. B und C lösen die Aufgaben.
– Ihr benötigt eine Münze als „Würfel" und zwei Spielfiguren.
– B ist dran und wirft die Münze. Wenn die Zahl oben liegt, sagt B: „*Pile.*" und rückt ein Spielfeld vor. Wenn „Kopf" oben liegt, sagt B: „*Face.*" und rückt zwei Spielfelder vor.
– B löst die Aufgabe des Feldes. Ist die Lösung falsch, muss B drei Spielfelder zurückgehen.
– Dann ist C an der Reihe.
– Wer zuerst im Feld „Arrivée" ankommt, hat gewonnen
– Wenn das Spiel zu Ende ist, wechselt ihr die Rollen.

pile – Zahl

face – Kopf

DÉPART [1]

Verabschiede dich
a) von einem Freund,
b) von einer Dame,
c) von einem Herrn. [2]

C'est un/e [3]

être
avoir [4]

Konjugiere *être* oder *avoir*.

Tes copains, ils s'appellent comment? [5]

3
8
11
13
18
20. [6]

Du kaufst ein. Frage nach dem Preis. [7]

Avance de deux cases. | [8]

Rücke zwei Felder vor.

Du musst während des Unterrichts zur Toilette gehen. Was fragst du? [10]

Konjugiere das Verb *chercher*. [11]

Recule de deux cases. | [12]

Gehe zwei Felder zurück.

Du möchtest eine Briefmarke kaufen. Was sagst du? [13]

a) Comment on dit

e   h
j   q
w   y? [14]

b) Épelle ton nom.

Sage, dass du etwas nicht weißt. [15]

Welcher Fluss fließt durch Paris? [20]

Tu achètes des livres dans ? . [19]

a) la sœur ≠ ? ?

b) sur ≠ ? ?

c) devant ≠ ? ?

≠

? [18]

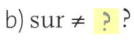

Avance de deux cases. | [17]

Rücke zwei Felder vor..

Léa est ? .
Léo est ? . [16]

Du findest etwas lecker. Was sagst du? [21]

Der Erbauer des Eiffelturms *(la tour Eiffel)* heißt
A Pierre Eiffel
B Nicolas Eiffel
C Gustave Eiffel. [22]

J'aime
Je déteste [23]

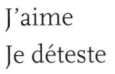

Où est Francis? [24]

ARRIVÉE [25]

C'est la fête!

C'est quand, ton anniversaire?

1 C'est quand, l'anniversaire d'Anissa?

2 C'est le 21 mars!

5 JANVIER lundi

29 AVRIL mercredi

10 JUILLET vendredi

6 SEPTEMBRE dimanche

22 OCTOBRE jeudi

1er AOÛT samedi

8 NOVEMBRE dimanche

31 MAI dimanche

30 JUIN mardi

26 DÉCEMBRE samedi

21 MARS mardi

27 FÉVRIER vendredi

Nach Unité 1 kannst du

– sagen, wann du Geburtstag hast
  und jemandem zum Geburtstag gratulieren,
– sagen, was du an deinem Geburtstag machen
  möchtest und was nicht.
– sagen, was du dir wünschst.

3 C'est samedi … Est-ce
qu'elle organise une fête?

4 Je ne sais pas!

Lire et comprendre | Lesen und verstehen

1 a Schaut euch die Wochentage und Monate an. Welche könnt ihr verstehen? Warum?

8|1 **b** Schau dir das Foto an und lies die Texte in den Sprechblasen.
Wer hat Geburtstag und wann?

Répéter | Nachsprechen

4–5

2   Écoute et répète la chanson. | Hör erst zu. Dann sing mit.

> ### Les mois[1] de l'année[2]
>
> | | |
> |---|---|
> | Écoute d'abord[3] et répète[4] après[5]! | Ensemble, on fait la route![7] |
> | Chante avec moi les mois en français! | Septembre, octobre, novembre, décembre, |
> | Janvier, février, mars, avril, | On reste[8] dans sa chambre! |
> | Regarde, c'est facile![6] | Écoute d'abord et répète après! |
> | 5 Mai, juin, juillet, août, | 10 Chante avec moi les mois en français! |
>
> | | |
> |---|---|
> | 1 **le mois** der Monat | 6 **c'est facile** das ist leicht |
> | 2 **l'année** *f.* das Jahr | 7 **Ensemble, on fait la route!** |
> | 3 **d'abord** zuerst | Wir gehen den Weg gemeinsam! |
> | 4 **répéter qc** etw. wiederholen | 8 **rester** bleiben |
> | 5 **après** danach | |

6

8|2

3 a   Répète les chiffres. | Um zu sagen, wann du Geburtstag hast, brauchst du die Zahlen bis 31.
Hör dir die Zahlen und Monate an und sprich sie nach.

   b   Jede/r schreibt zehn Zahlen von 1 bis 31 auf. Diktiert sie euch gegenseitig.

Écouter | Hören

7

8|5

4   Retrouve les dates. | Anissa hat ihren Geburtstagskalender verloren. Hör dir die Gespräche an und
schreibe die Geburtstage von Anissas Freunden in dein Heft.

Marie: 22 octobre	*Thomas:*	So gibst du das Datum an:
Laurine:	*Maxime:*	*le 1er janvier, le 2 janvier, le 3 janvier, …*
Robin:	*Océane:*	Hinter der Zahl steht kein Punkt.
Nicolas:		Der Monat wird kleingeschrieben.

S'entraîner au dialogue | Dialoge trainieren

8

8|4

5   Écoute, lis et répète. | Hör zu und lies mit. Da, wo eine Lücke steht, sprichst du nach.

Wann hast du Geburtstag?	**Machst du eine Party?**
– Robin, c'est quand, [——]?	– Thomas, [——]?
– C'est [——].	– [——].
– Est-ce que [——]?	– [——]?
– Non, je suis à Marseille.	– Oui, samedi.

S'entraîner | Trainieren

6 a Posez des questions et répondez. | Fragt fünf Mitschüler und Mitschülerinnen, wann sie Geburtstag haben. Schreibt euch die Daten auf.   ▶ Méthodes, p. 122

Exemple: A: C'est quand, ton anniversaire?   B: C'est le 22 janvier.

b Tragt eure Ergebnisse zusammen und erstellt eine Geburtstagsliste eurer Klasse.

7 a C'est quel jour? | Dein Computer spielt verrückt. Finde die Wochentage wieder und bringe sie in die richtige Reihenfolge.   ▶ Liste des mots, p. 128

| **1** vndrd | **2** lnd | **3** jd | **4** dmnch | **5** mrd | **6** smd | **7** mrcrd |

b Nennt euch abwechselnd einen Wochentag. Euer Nachbar / Eure Nachbarin wiederholt ihn und fügt die beiden darauffolgenden Wochentage hinzu.

Exemple: A: mercredi   B: mercredi, jeudi, vendredi

8 a Posez des questions. | Du möchtest mehr über deinen Nachbarn / deine Nachbarin erfahren. Stellt euch gegenseitig die folgenden Fragen mit *est-ce que* und antwortet.

Exemple: A: Est-ce que tu aimes les chiens?   B: Oui./Non.

1. Tu aimes les chiens?
2. Tu as une console?
3. Ta grand-mère a un lecteur mp3?
4. Tu as des posters dans ta chambre?
5. Tu chantes souvent devant ton miroir?
6. Tu ranges souvent ta chambre?

b Continuez. | Stellt euch weitere Fragen mit *est-ce que* über eure Freunde, Familie und Haustiere und antwortet.

Parler | Sprechen

9 a C'est quand, la fête? | Wann ist die Geburtstagsfeier? Partner B: Schlage S. 102 auf.
Partner A: Beantworte die Fragen von Partner B.

B: L'anniversaire de Maxime, c'est quand?
A: C'est le 29 avril.
B: Est-ce qu'il organise une fête?
A: Oui.
B: Super! Et c'est quand?
A: C'est mercredi.

2 Laurine 10 juillet ven.
4 Nicolas 26 décembre sam.
1 Maxime 29 avril mer.
3 Marie 22 octobre jeu.

b Frage nun Partner B, wann die folgenden Jugendlichen Geburtstag haben und wann sie ihre Party machen.

| **5** Robin | **6** Thomas | **7** Océane | **8** Mehdi |

 # Tu as un problème?

DVD
www.
cornelsen.de/
webcodes
ATOI-18-14

10|1

1 Écoute le dialogue et répète. | Hör dir das Gespräch an. Dann hör es dir noch einmal an und sprich leise mit. Lest es anschließend mit verteilten Rollen.

Après le collège, Océane et Anissa sont dans la cour.

Océane: Salut! Ça va?

Anissa: Bof!

5 **Océane:** Qu'est-ce qu'il y a? Tu as un problème?

Anissa: Oui, samedi, c'est mon anniversaire.

Océane: Et alors?! C'est super!

Anissa: Non, je voudrais organiser une fête. Mais mes parents ne sont pas d'accord. Ils

10 travaillent le week-end.

Océane: Ah, c'est bête.

Anissa: Eh oui. Qu'est-ce que je fais? Tu as une idée, toi?

Océane: Oui, peut-être …

2 Lis le dialogue. Quel est le problème d'Anissa? Raconte. | Erkläre, welches Problem Anissa hat. An welche Lösung könnte Océane denken?

3 a Hier hörst du Wörter mit dem Laut [ʃ] (wie in Tasche) und Wörter mit dem Laut [ʒ] (wie in Garage). Schreibe die beiden Laute auf zwei Zettel. Halte immer den Laut hoch, den du hörst.

b Écoute et répète. | Hör dir die Wörter noch einmal an und sprich sie nach.

je range	nous mangeons	Joyeux anniversaire!	la chambre
juin	chez	vous cherchez	la perruche	janvier
le chat	le cochon d'Inde	le chien	les jeux vidéo	juillet

4 Écoute, lis et répète. | Hör zu und lies mit. Da, wo eine Lücke steht, sprichst du nach.

10|2

Ich möchte ein Handy haben.
– Pour mon anniversaire, [——]. Et toi?
– Moi, pour mon anniversaire, [——].
– Est-ce que [——]?
– Non.
– Ah, [——].

Ich möchte eine Party organisieren.
– Pour mon anniversaire, [——].
– Super. [——]?
– Non. Alors, [——]?

Hier lernst du
– zu sagen, dass du ein Problem hast,
– zu sagen, was du gerne machen würdest,
– auszudrücken, dass jemand nicht einverstanden ist.

5 a Vous rentrez ensemble et vous parlez de ton anniversaire. Préparez un jeu de rôle. |
Ihr sollt ein Rollenspiel vorführen. Hör und lies dafür diesen Modelldialog.

A

C'est quand, ton anniversaire?

B

C'est le 13 septembre / ___ / ___ .

Est-ce que tu organises une fête?

Oui.

Ah, super!
C'est super! | Et c'est quand?
Génial!

C'est vendredi / samedi / ___ | soir.

Et qu'est-ce que tu voudrais faire?

Je voudrais
manger des pizzas.

danser.

jouer au foot.

écouter des CD.

regarder des DVD.

aller au cinéma.

aller au roller parc.

Super!
Génial!

Et ton anniversaire? C'est quand?

b Lest den Dialog zu zweit. Tauscht nach einem Durchgang die Rollen.

6 Präsentiert euer Rollenspiel der Klasse. ▶ Méthodes, p. 116, 12

On fait la fête!

🎧
13–16

Dimanche, chez Anissa.

Anissa a un problème. Elle est sur son lit.
Elle ne travaille pas. Elle ne range pas sa
chambre. Elle ne fait pas ses devoirs. Et elle

5 ne regarde pas ses livres. Elle regarde le mur.
Anissa rêve: «Samedi, c'est mon
anniversaire. Je voudrais des cadeaux:
La bédé des filles ou un poster de Soha. Je
voudrais organiser une fête … Et je voudrais

10 inviter mes copains …»
Mais ce n'est pas possible. Ses parents ne
sont pas d'accord. Ils travaillent le week-end.

> Qu'est-ce que je fais pour mon anniversaire?

1

2

▶ **Lundi, chez Océane.**

Océane a une idée: Elle organise, chez elle,
15 une fête-surprise pour Anissa! Les parents
d'Océane sont d'accord. Ils ne travaillent pas
le week-end. Océane invite Anissa et les
copains samedi à cinq heures! Maxime
apporte des CD. Laurine et Marie font un
20 gâteau. Nicolas fait une salade. Alors, Océane
fait le numéro de Mehdi sur son portable …

▶ **Samedi, chez Océane.**

Les copains sont déjà là.
Laurine: Thomas, qu'est-ce que tu fais?
25 **Thomas:** Je cherche les bougies.
Marie: Voilà le gâteau!
Océane: Maxime, est-ce que tu as les CD?
Maxime: Oui, écoute … c'est joli, non?…
Mehdi: Tu danses avec moi, Océane?
30 *Dring!!!*
Robin: Anissa arrive!

▶ **Anissa:** Mais qu'est-ce que vous faites ici?
Les amis chantent: Joyeux anniversaire,
Joyeux anniversaire,
35 Joyeux anniversaire, Anissa!
Joyeux anniversaire!
Anissa: Oh merci! C'est sympa!

3

4

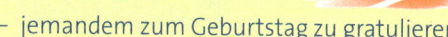

Hier lernst du
– jemandem zum Geburtstag zu gratulieren,
– ein französisches Geburtstagslied kennen,
– zu sagen, dass du etwas nicht tust.

Lire et comprendre | Lesen und verstehen

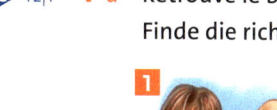

▷ 12|1 **1** a Retrouve le bon ordre. | Lies den Text, S. 16.
Finde die richtige Reihenfolge der Bilder wieder.

b Raconte l'histoire. | Finde zu jedem Bild von a mindestens einen passenden Satz im Text und erzähle die
Geschichte nach. Schreibe dazu die Sätze in der richtigen Reihenfolge auf.

c Qui fait quoi? Fais une liste. | Wer macht was? Erstelle eine Liste mit den Namen der Freunde.

d Habt ihr schon einmal eine Überraschungsparty organisiert oder erlebt? Erzählt auf Deutsch.

Vocabulaire | Wortschatz

▷ 12|2 **2** a Note les noms avec l'article indéfini. | Finde die Nomen in der Wortschlange
und schreibe sie mit dem unbestimmten Artikel (*un*, *une*, *des*) auf.

CADEAUXCDCOPAINSFÊTEIDÉEGÂTEAUXNUMÉROSALADE

b Retrouve les verbes. | Finde im Buchstabensalat die fünf Verben
wieder. Schreibe sie mit den passenden Nomen von a in dein Heft.
Es gibt mehrere Möglichkeiten.

Exemple: faire une salade

refai iravo
porapier
terinvi nigaseror

c Écris cinq phrases. | Schreibe fünf Sätze mit den
Wortgruppen von b.

Exemple: Je fais une salade pour la fête.

Diese Sätze kannst du in der
Aufgabe 12 wiederverwenden.

3 Mime. | Stelle die Tätigkeiten pantomimisch dar.
Die anderen erraten, was du vorspielst.

Exemple:
A: Qu'est-ce que je fais?
B: Tu travailles?
A: Oui.

travailler	écouter un CD
manger	parler	ranger la cuisine
faire un gâteau	

Apprendre à apprendre: le vocabulaire | Vokabeln lernen

14|10 **4** **So kannst du Vokabeln festigen** ▶ Méthodes, p. 112, 7

a Wenn du dir Aufgaben für andere ausdenkst, übst du selbst noch einmal intensiv. Das kann z. B. ein Kreuzworträtsel, ein Wortgitter oder eine Wortschlange sein.

b À toi! | Probiere es gleich aus: Verstecke für deinen Nachbarn / deine Nachbarin acht Wörter aus der Unité 1 in einem Wortgitter.

P	R	X	I	O	F	T
U	C	A	D	E	A	U
V	W	A	É	B	I	G
F	Ê	T	E	D	R	F
M	S	O	P	T	E	V

Découvrir | Entdecken

5 a Finde im Text auf S. 16 (Zeilen 1–5) drei Sätze, in denen gesagt wird, was Anissa nicht tut. Schreibe sie auf.

b Wie sagst du, dass jemand etwas nicht tut? Formuliere eine Regel.

c Beantworte die folgenden Fragen mit nein.

Exemple: 1. Est-ce que Marie rêve. → Non, elle ne rêve pas.

1. Est-ce que Marie rêve?
2. Est-ce que Thomas travaille?
3. Est-ce que Mehdi range son bureau?
4. Est-ce que Maxime fait ses devoirs?
5. Est-ce que Anissa danse avec Robin?
6. Est-ce que Laurine cherche son portable?

S'entraîner | Trainieren

13|5
13|6

6 Qu'est-ce qu'ils ne font pas? Qu'est-ce qu'ils font? | Schreibe auf, was die Jugendlichen nicht tun und was sie tun. ▶ Repères, p. 21/3

▶ p. 105

Exemple: Océane ne travaille pas, elle rêve.

1	2	3	4	5	6
~~travailler~~ / rêver	~~ranger~~ / regarder une bédé	~~manger~~ / écouter un CD	~~rêver~~ / faire ses devoirs	~~danser~~ / manger	~~ranger le salon~~ / danser

7 C'est dimanche. Qu'est-ce que tu fais? Qu'est ce que tu ne fais pas? | Schreibe in dein Heft.

Exemple: C'est dimanche. Je ne range pas ma chambre, je rêve.

écouter un CD   faire mes devoirs
ranger ma chambre   regarder une bédé
danser   rêver   travailler

8   La chanson du verbe *faire*. Écoute et chante. | Mit diesem Lied übst du das Verb *faire*.
Hör zu und sing mit.   ▶ Paroles, p. 174

13|7
13|8

9   Jouez à deux. | A würfelt und konjugiert *être*, *avoir* oder *faire*. B bildet einen Satz.   ▶ Les verbes, p. 126

Exemple: il/être → il est → Il est dans la cour.

être	dans la cour de Paris en sixième sur le lit	avoir	12 ans cours un chat trois frères	faire	une fête un gâteau une salade les devoirs

10   Spielt zu zweit „Kofferpacken". Nennt abwechselnd die Geschenke mit dem Preis.    ▶ p. 105
Rechnet mit. Wer über 30 Euro kommt, hat verloren.

Exemple:
A: Pour mon anniversaire, je voudrais le CD à 10 €*.
B: Pour mon anniversaire, je voudrais le CD
  à 10 € et le poster à 5 €.

* un euro [ɛ̃nØʀO] ein Euro

11 a   La liste des cadeaux. | Schreibe fünf Dinge auf, die du dir zum Geburtstag wünschst.
    ▶ Banque de mots, p. 132

14|9

Exemple: Pour mon anniversaire, je voudrais une console, un chien, ____.

b   Stellt eure Wünsche in der Klasse vor. Erstellt eine Hitliste der fünf beliebtesten Geschenke.

À toi: Écris une histoire

12 a   Schreibe eine Bild- oder Fotogeschichte «*Une fête-surprise pour ...*» und gestalte sie. Wenn du Ideen
    suchst, sieh dir noch einmal den Text auf S. 16 an. Verwende auch die Sätze aus der Übung 2.

b   Sammelt eure Arbeiten in einem gemeinsamen Ordner und stellt sie am Tag der offenen Tür aus.

Überprüfe, ob du das jetzt kannst:
– Gratuliere deinem Freund /
  deiner Freundin zum Geburtstag.
– Sage, wann du Geburtstag hast und was du
  dir zum Geburtstag wünschst.
– Sage, was du an deinem Geburtstag machen
  möchtest / nicht machen möchtest.

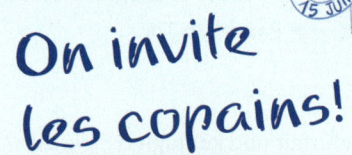

On invite les copains!

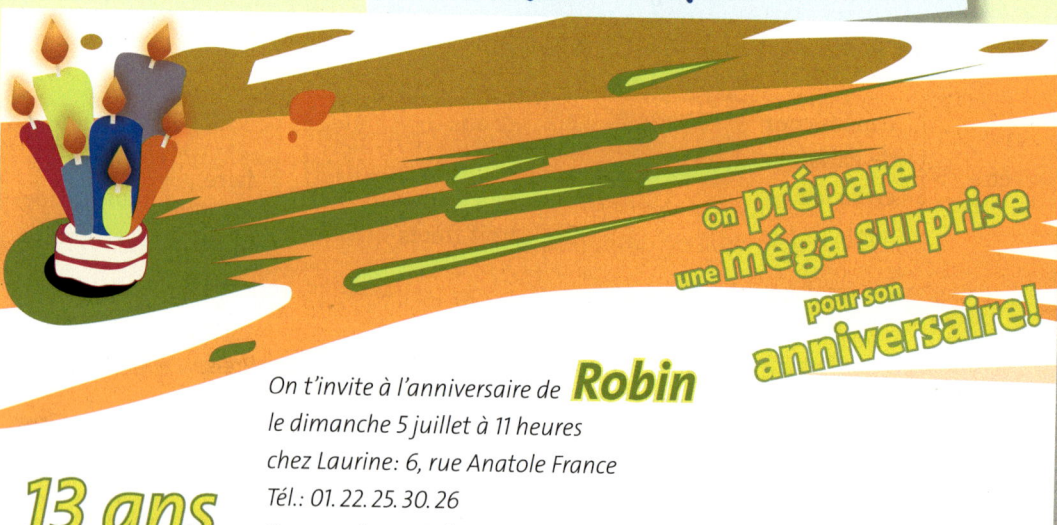

On prépare une méga surprise pour son anniversaire!

On t'invite à l'anniversaire de **Robin**
le dimanche 5 juillet à 11 heures
chez Laurine: 6, rue Anatole France
Tél.: 01. 22. 25. 30. 26
On compte sur toi!

13 ans

Marie, Laurine et Nicolas

OH! LES ENFANTS! ÉCOUTEZ-MOI!

Cher Mehdi,
Je t'invite à mon anniversaire,

le samedi 28 février
de 15 h à 20 h
chez moi: 9, avenue de l'Europe

Je compte sur toi!

Océane

Merci de confirmer ta présence
01. 21. 24. 29. 31

1 Arbeitet zu zweit. Schaut euch jede/r eine der Karten an und erklärt euch gegenseitig auf Deutsch:
Wer lädt wann und wohin ein? Was versteht ihr noch?

2 À toi! | Lade deine Freunde zu deiner Party ein.
Gib Uhrzeit und Adresse an. Du kannst dafür
Musterkarten aus dem Internet verwenden.

www.cornelsen.de/webcodes
Gib folgenden Webcode ein: ATOI-1B-20

Das kannst du jetzt sagen

1

So fragst du nach einem Geburtstag:

C'est quand, ton anniversaire?
Qu'est-ce que tu voudrais avoir pour ton anniversaire?
Qu'est-ce que tu voudrais faire?
C'est quand l'anniversaire (de Mehdi)?
Est-ce qu'il/elle organise une fête?
Qu'est-ce qu'il/elle apporte?
Qu'est-ce qu'il/elle fait pour la fête?

So sagst du, wann etwas stattfindet:

C'est quand (l'anniversaire de Léa)?
C'est le 29 janvier. / C'est le premier mars.
C'est mardi.

So sprichst du über deinen / einen Geburtstag:

Mon anniversaire, c'est le (21 mars).
Pour mon anniversaire, je voudrais (des livres).
Je voudrais (inviter mes copains).
Son anniversaire, c'est le (20 août).
Oui, il/elle invite ses copains (jeudi à 17 heures).
Il/Elle apporte (des bougies).
Il/Elle fait (un gâteau).

So einigst du dich mit jemandem:

Est-ce que tu es / vous êtes d'accord?
Oui, je suis d'accord. / Non, je ne suis pas d'accord.
C'est possible. / Ce n'est pas possible.

Diese Grammatik benötigst du dazu

2   **Est-ce que** tu es d'accord? **Die Frage mit** *est-ce que*

Aussagesatz
Tu organises une fête.
Il fait un gâteau.

Fragesatz
→ **Est-ce que** tu organises une fête?
→ **Est-ce qu'**il fait un gâteau?

Zu *est-ce que* gehört immer ein Fragezeichen.

3   Je **ne** suis **pas** d'accord. **Die Verneinung**

Mehdi travaille.
Océane habite à Levallois.
Je suis d'accord.

Anissa **ne** travaille **pas**.
Sarah **n'** habite **pas** à Levallois.
Tu **n'** es **pas** d'accord?

ne/n'
verbe
pas

4   Il **fait** un gâteau. **Das Verb** *faire*   ▶ **Les verbes, p. 126**

Merke: *ils ont, ils sont, ils font.*

S'entraîner | Trainieren

1 a Arbeitet zu zweit. A schlägt das Buch zu und sagt die Formen von *faire* auf.
B kontrolliert mit Hilfe der Seite 126. Nach einem Durchgang wechselt ihr euch ab.

b Schlagt beide das Buch zu. Jede/r sagt abwechselnd
eine Form von *faire*. Steigert bei jedem Durchgang
euer Tempo. Welches Paar macht alles richtig und
ist am schnellsten?

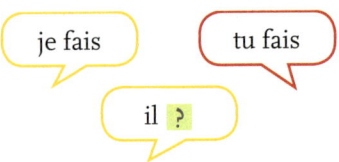

je fais   tu fais
il **?**

2 Complète les phrases. | Vervollständige die Sätze mit den Formen von *faire*.   ▶ Les verbes, p. 126

1. Je **?** mon lit.
2. Est-ce que tu **?** aussi ton lit?
3. Nous **?** un gâteau.
4. Est-ce que vous **?** une salade?
5. Est-ce qu'il **?** la fête, samedi?
6. Qu'est-ce que vous **?** vendredi?

7. Anissa ne **?** pas ses devoirs.
8. Et Océane et Mehdi? Qu'est-ce qu'ils **?** ?

Weitere Übungen dazu

im Buch: S. 19/8+9
im Carnet: S. 13/7, S. 14/8

3 a Regarde les dessins et raconte. | Erzähle, was die Jugendlichen
nach der Schule machen.

Exemple: Après le collège, la fille rentre.

1 rentrer

2 écouter un CD

3 chanter

4 faire ses devoirs

5 parler avec *(nom)*

6 rêver

7 faire la fête

8 faire le numéro de
(nom)

b Et toi, qu'est-ce que tu fais après les cours? Écris dans ton cahier.

Exemple: Après les cours, je rentre chez moi. Je travaille et je ___ ou je ___.

4 Bildet aus folgenden Sätzen Fragen mit *est-ce que* und antwortet darauf.   ▶ Repères, p. 21/2

1 Est-ce que Robin habite à Levallois?

Oui, il habite à Levallois.

1. Robin habite à Levallois.
2. Tu as treize ans.
3. On rentre ensemble.

4. Max organise une fête-suprise.
5. Théo et Lara font une salade.
6. Charlotte apporte les CD.

5 a *Est-ce que* ou *qu'est-ce que*? Complète. | Vervollständige die Fragen. ▶ Repères, p. 21/2

1. **?** tu passes le week-end chez ta tante?
2. **?** il y a dans ta chambre?
3. **?** tu fais le week-end?
4. **?** tu as des animaux?
5. **?** tu rentres à pied?

6. **?** vous avez une chambre ensemble, ton frère/ta sœur et toi?
7. **?** tu cherches souvent?

> **Weitere Übungen dazu**
>
> im Buch: S.13/8
> im Carnet: S.9/7

b Stellt euch die Fragen von **a** gegenseitig und antwortet darauf.

6 Stellt euch gegenseitig die folgenden Fragen mit *est-ce que* und antwortet. ▶ Repères, p. 21/2

1. Organisierst du eine Party?
2. Lädst du deine Freunde ein?
3. Machst du einen Kuchen?

4. Tanzt du mit mir?
5. Bringst du CDs mit?
6. Hast du ein Problem?

7 Retrouve l'ordre des mots. | Bringe die Wörter in die richtige Reihenfolge. ▶ Repères, p. 21/3

1. ne | bureau. | Nicolas | son | devant | pas | travaille
2. Je | pas | tartine. | ma | ne | mange
3. ta | ranges | pas | ne | chambre. | Tu | souvent
4. apporte | n' | ses | CD. | Elle | pas
5. d'accord. | Les | sont | ne | pas | élèves

> **Weitere Übungen dazu**
>
> im Buch: S.18/5+6+7
> im Carnet: S.13/6

12|2 8 a Fais un associogramme sur le thème de l'anniversaire. |
Gestalte eine Mind-Map zum Thema Geburtstag. ▶ Méthodes, p. 112

b Gibt es Wörter zum Thema Geburtstag, die du für dein Vokabelnetz verwenden willst und die im Text nicht vorkommen? Suche sie in einem Wörterbuch.

9 Trouve l'intrus. | Welches Wort passt nicht in die Reihe? Begründe deine Antwort.

1. le vendredi – le mardi – le week-end – le dimanche
2. le collège – la librairie – la boulangerie – la bougie
3. travailler – fêter – inviter – préparer – chanter
4. le couloir – le mur – la chambre – la cuisine

10 Apprends cette comptine par cœur. | Lerne diesen Reim auswendig.

1 **libre** frei
2 **si ça te dit** wenn es dir passt

> Lundi, mardi ou mercredi
> Tu es libre[1] aujourd'hui?
> Jeudi, vendredi ou samedi
> Tu as le temps aujourd'hui?
> Non, mais dimanche, si ça te dit[2].
>
> *comptine*

1 Écoute et lis. | Hör zu und lies den Zungenbrecher leise mit. Wer kann ihn aufsagen, ohne zu stocken?

> Mon chien chante «Joyeux anniversaire!» et cherche des bougies pour ma perruche.

 2 Écoute et chante. | Hör zu und sing mit.

C'est ton anniversaire!

Refrain:
Elle a 14 ans
Et toutes ses dents[1],
Ce n'est pas une enfant,
5 Elle a 14 ans!

Tes parents sont là,
Ta sœur et ton frère,
Le gâteau est pour toi,
C'est ton anniversaire!

10 **Refrain**

Bonbons ou chocolat,
Qu'est-ce que tu préfères[2]?
Le cadeau est pour toi,
C'est ton anniversaire!

15 **Refrain**

Tes amis sont là,
Qu'est-ce que tu voudrais faire?
Ce slow est pour toi!
C'est ton anniversaire!

20 **Refrain**

1 **avoir toutes ses dents** *hier:* schon groß sein
2 **préférer qc** etw. lieber mögen

3 Le blog d'Anissa. | Schreibe für Anissas Blog ein bis zwei Sätze zu jedem Foto.

Super recettes pour une super fête!

Recette:
Le gâteau au chocolat

Pour le gâteau, il faut:
100 g de farine[1]
100 g de chocolat noir[2]
100 g de sucre
70 g de beurre[3]
10 cl de lait[4]
4 œufs[5]
un peu de sel

Pour la sauce, il faut:
60 g de chocolat noir
30 g de beurre

Thermostat: 200°C
Préparation: 20 minutes
Cuisson: 35 minutes

Battre les blancs d'œufs et ajouter au mélange.

Verser dans un moule. Laisser au four pendant 35 minutes.

Faire fondre 100 g de chocolat avec 70 g de beurre.

Ajouter le lait, puis les jaunes d'œufs.
Puis ajouter la farine, le sucre et le sel.

Faire fondre 60 g de chocolat avec 30 g de beurre et verser sur le gâteau.

1 **la farine** das Mehl
2 **noir/e** schwarz, *hier:* dunkel
3 **le beurre** die Butter
4 **le lait** die Milch
5 **l'œuf** *m.* das Ei
6 **la fraise** die Erdbeere

Recette:
Le cocktail **fraise**[6]**-tomate-basilic**

Pour deux personnes:
250 g de fraises
1 tomate
3 feuilles de basilic
2 cl d'huile d'olive

Mixer les fraises, la tomate, les feuilles de basilic et l'huile d'olive.

🇩🇪🇫🇷 **4**   Du bist zu Besuch bei deiner Oma. Ihr wollt einen Schokoladenkuchen backen und einen Cocktail mixen. Du bringst diese Rezepte mit. Was braucht ihr? In welcher Menge? Erkläre deiner Oma die Rezepte auf Deutsch.

Hier kannst du überprüfen, welche Kompetenzen du in der Unité 1 erworben hast.
Das Arbeitsblatt zum Bilan 1 findest du unter **www.cornelsen.de/webcodes**   ATOI-1B-26.

Compréhension écrite | Leseverstehen

1   Schau dir die Überschriften und die Bilder an. Worum geht es? Antworte auf Deutsch.

Ça va être ta fête!

Tu organises une fête et ça te stresse? Pas de panique:
déco, buffet, musique ... Voilà quelques idées et des conseils!

Idées pour le buffet!

Mini-Club-sandwichs
Salés: Il te faut des tranches de pain,
une boîte de pâté, un peu de fromage ...
Sucrés: Il te faut un pot de confiture,
une pâte à tartiner au chocolat ...

C'est pratique

Brochettes arc-en-ciel
Sucrées: Il te faut[1] des fruits (melon,
pommes, poires, fraises, bananes,
ananas, oranges) et des bonbons!
Salées: Il te faut des concombres,
des carottes, des tomates, un peu de
fromage et des mini-saucisses!

Conseils pour ta fête!
- Organise ta fête avec des amis. C'est super pour l'ambiance!
- Demande à tes amis d'apporter des CD.
- Il vous faut de la place pour danser. Mets les chaises contre les murs! C'est pratique!
- Tes amis ne dansent peut-être[2] pas. Pense à des activités: jeux, karaoké, sketches, mini-tombola ...
- Parle avec tes parents. L'idéal: Ils ne sont pas avec vous, mais ils sont à côté parce que tu peux avoir un problème ...

1   **il te faut / il vous faut** du brauchst / ihr braucht
2   **peut-être** vielleicht

2   Vrai ou faux? Lis les textes et corrige les phrases fausses. | Korrigiere die falschen Sätze auf Deutsch.
   1. Es ist besser, eine Party alleine vorzubereiten.
   2. Eine Party ist zum Tanzen da. Alles andere spielt keine Rolle.
   3. Am besten machst du deine Party, wenn ein Verwandter in der Nähe ist.

Médiation | Sprachmittlung

3   Ein Freund bereitet eine Party vor und möchte Folgendes wissen: Gibt es auch Vorschläge für süße Speisen im Text „Ça va être ta fête!"? Wenn ja, welche? Welche Tipps gibt es zur Musik? Beantworte seine Fragen.

Production écrite | Schriftlicher Ausdruck

4 Présente la famille de Boule et Bill. | Denk dir Informationen zu dieser Familie aus. Orientiere dich an den Stichpunkten und schreibe einen Text in dein Heft.

- frères et sœurs?
- parents?
- copains/copines?
- animaux?
- âge et anniversaire?

> Gib den Eltern und Freunden (lustige) Namen!

Compréhension orale | Hörverstehen

 5 Écoute et note les lettres dans ton cahier. | Hör zu und schreibe nur die Buchstaben der korrekten Sätze in dein Heft.

1. Hugo, c'est
   - **A** le frère d'Alex.
   - **B** le copain d'Alex.
   - **C** le cousin d'Alex.

2. Alex est
   - **A** dans sa chambre avec Luc Martin.
   - **B** dans sa chambre avec Luc Poirier.
   - **C** chez son cousin Luc Poirier.

3. Le week-end, Luc habite chez
   - **A** sa mère à Illkirch.
   - **B** son père à Illkirch.
   - **C** son père à Paris.

4. Qu'est-ce qu' Inès fait?

A   **B**    **C**

 6 Qu'est-ce qu'il y a dans la chambre d'Inès? Écoute encore une fois. | Hör noch einmal zu und schreibe nur Stichpunkte in dein Heft.

Production orale | Mündlicher Ausdruck

7 Avec un copain / une copine, tu parles de l'anniversaire de Louise. Travaillez à deux. | Du sprichst mit einem Freund / einer Freundin über Louises Geburtstag. Arbeitet zu zweit.

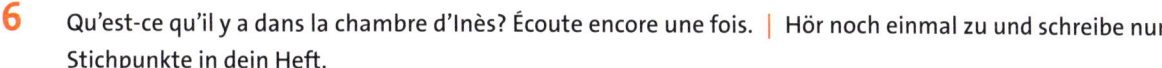

A fragt, wann Louise Geburtstag hat. ———→ B antwortet.

A sagt, was er/sie zur Party mitbringt. ←——— B findet die Idee super und schlägt zwei
———→ Dinge vor, die er/sie mitbringt.

A findet das supernett und fragt, wie viel ←———
die zwei Dinge kosten? ———→ B antwortet.

Am Ende verabredet ihr euch für Samstag, um auch noch einen Kuchen für Louise zu backen.

Fêtes et traditions en France

	Janvier	Février	Mars	Avril	Mai	Juin
1	V *le nouvel an*	L	L	J	S	M
2	S		M	M	V	D
3	D				L	M
4	L				M	
5	M				M	
6	M				J	
					V	
					S	
					D	M
				S	L	J
				D		
		V	V	L		
		S	S	M	V	
					S	
15					D	
16					L	
17					M	
18					M	
19					J	
20						
21					M	
22	V	L		J		
23	S	M		V		
24	D		M		L	
25	L	J	J		M	
26	M	V	V		M	
27	M	S	S		J	
28	J	D	D		V	
29	V		L		S	
30	S				D	
31	D		L		L	

Le 2 février, c'est la **Chandeleur**. On fait des crêpes.

Le 1er avril, on colle des poissons en papier dans le dos des gens.

Le 1er mai, on offre du muguet[1].

Le 21 juin, c'est la **Fête de la musique**. On fait de la musique dans les rues et dans les parcs.

Le 6 janvier, c'est la **fête des Rois**. On mange la galette des Rois. Dans la galette, il y a une fève. Si tu la trouves, tu es le roi ou la reine.

En février, il y a le **carnaval de Nice**. Il est très célèbre.

En mai, pour la **fête des Mères**, les enfants écrivent des poèmes.

À **Pâques**, les cloches apportent des œufs, des poules ou des poissons en chocolat.

1 Schaut euch zu zweit den Kalender an und informiert euch zu den Festen und Traditionen in Frankreich.
▸ Liste des mots, p. 128

19|1
19|2

Mehr Informationen findest du auf
www.cornelsen.de/webcodes
Gib folgenden Webcode ein: ATOI-1B-28

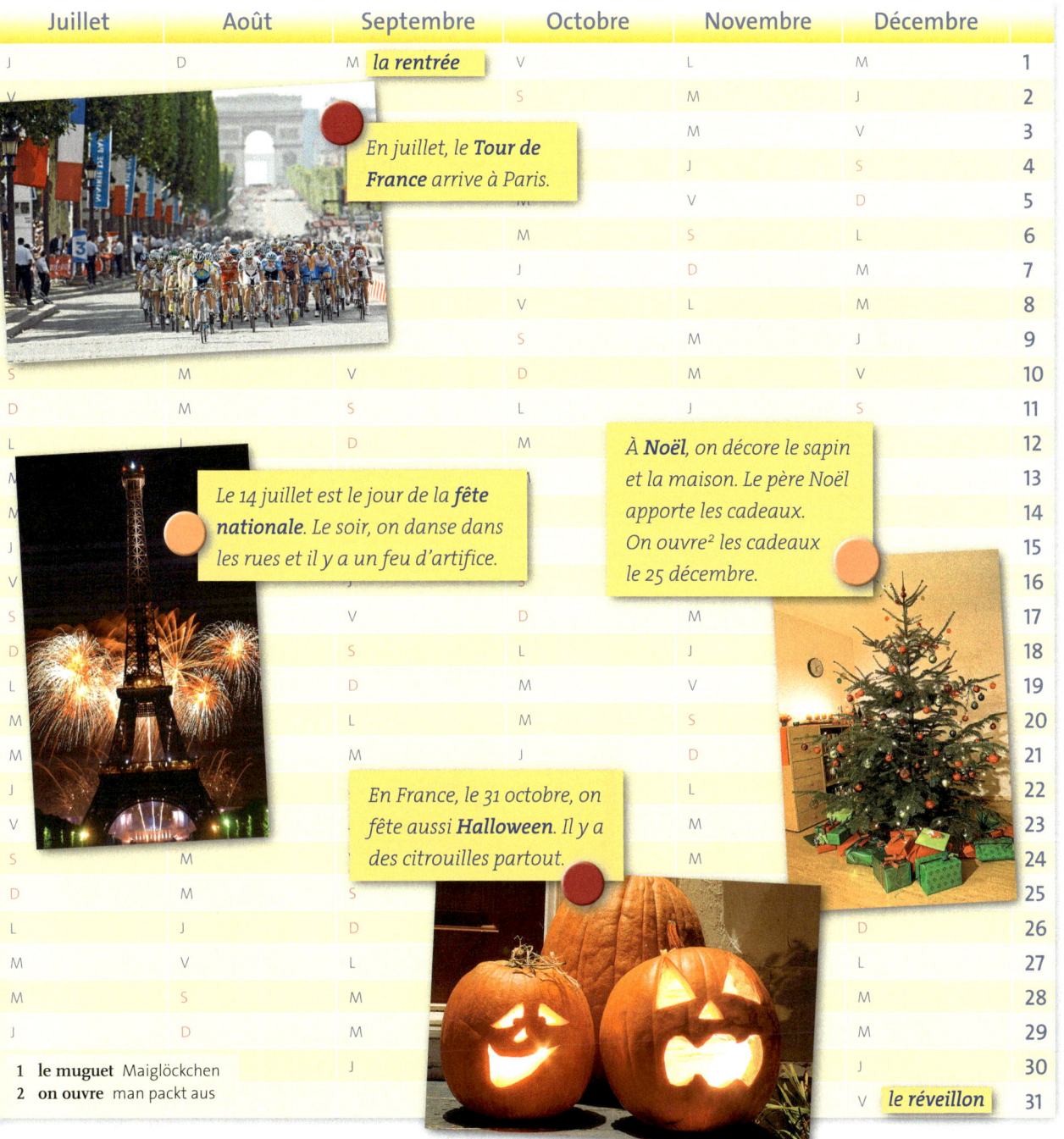

Juillet	Août	Septembre	Octobre	Novembre	Décembre	
J	D	M *la rentrée*	V	L	M	1
V			S	M	J	2
				M	V	3
				J	S	4
				V	D	5
			M	S	L	6
			J	D	M	7
			V	L	M	8
			S	M	J	9
S	M	V	D	M	V	10
D	M	S	L	J	S	11
L	J	D	M			12
M						13
M						14
J						15
V						16
S		V	D	M		17
D		S	L	J		18
L		D	M	V		19
M		L	M	S		20
M		M	J	D		21
J				L		22
V				M		23
S	M			M		24
D	M	S				25
L	J	D			D	26
M	V	L			L	27
M	S	M			M	28
J	D	M			M	29
		J			J	30
					V *le réveillon*	31

En juillet, le **Tour de France** arrive à Paris.

Le 14 juillet est le jour de la **fête nationale**. Le soir, on danse dans les rues et il y a un feu d'artifice.

À **Noël**, on décore le sapin et la maison. Le père Noël apporte les cadeaux. On ouvre[2] les cadeaux le 25 décembre.

En France, le 31 octobre, on fête aussi **Halloween**. Il y a des citrouilles partout.

1 **le muguet** Maiglöckchen
2 **on ouvre** man packt aus

2 a Vergleiche die französischen Feste und Traditionen mit denen, die du von zu Hause kennst. Was ist gleich? Was ist anders? Mache dir Notizen auf Deutsch.

b Sucht euch gemeinsam drei Feste oder Traditionen aus und tragt die Unterschiede und Gemeinsamkeiten zusammen. ▶ Méthodes, p. 122, 17

Mes hobbys

Qu'est-ce que tu aimes?

Préparer la lecture | Das Lesen vorbereiten

1 Faites un associogramme sur le thème des hobbys. |
Sammelt alle Wörter und Redemittel zum Thema
Hobbys, die ihr schon kennt, in einer Mindmap.

2 J'aime le sport, les animaux et la nature.

1 J'adore regarder la télé et chatter avec mes copines!

Océane

Anissa

3 J'adore le rap et je n'aime pas la musique de Soha.

Mehdi

4 Mon hobby, c'est le sport. J'aime le skate, le tennis, le basket ... et j'adore le foot!

Robin

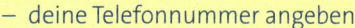

Nach Unité 2 kannst du
- deine Telefonnummer angeben,
- dich verabreden.

Außerdem lernst du zu sagen,
- was du magst und was du nicht magst,
- wohin du gehst.

5 J'aime faire la cuisine, j'adore les spaghettis! Miam, c'est bon!

6 J'aime chanter et j'adore dessiner! Avec ma copine Laurine, on dessine des mangas.

Nicolas

7 Moi, j'aime le VTT et les ordinateurs.

Marie

8 Mon hobby, c'est le cheval! J'adore aussi la photo. Je n'aime pas ranger ma chambre.

Maxime

Et toi, qu'est-ce que tu aimes?

Laurine

Écouter et comprendre | Hören und verstehen

2 **a** C'est qui? | Wer ist das? Lies die Texte. Hör dir dann die verschiedenen Geräusche an und ordne sie den Jugendlichen zu.

b Complète ton associogramme. | Ergänze deine Mindmap aus 1 mit den neuen Wörtern.

Apprendre à apprendre: écouter | Hörverstehen trainieren

3   So bereitest du dich auf das Hören eines französischen Textes vor   ▶ Méthodes, p. 114, 8

a   Du hast schon Erfahrungen mit dem Hören französischer Texte gesammelt.
Wie bist du dabei vorgegangen? Tausche dich mit deinem Nachbarn / deiner Nachbarin aus.

b   Hier weitere Tipps:
1. Lies dir die Aufgabenstellung vor dem Hören genau durch. Sie gibt dir Auskunft darüber, was du hören wirst: ein Telefongespräch, ein Interview … Achte auch auf Bilder und Fotos.
2. Lies dir die Aufgabenstellung noch einmal genau durch: Oft geht es darum, dem Hörtext nur ganz bestimmte Informationen zu entnehmen. Welche Informationen sollst du heraushören?
3. Bereite eine Tabelle vor, in die du die gesuchten Informationen eintragen kannst.

c   À toi! | Probiere die Tipps in der Aufgabe **4** gleich aus.

Écouter | Hören

4 a   Écoute les interviews. | Hör dir die Interviews an. Wer hat welche Hobbys? Ordne zu.

| 1 Rémi | 2 Manon | 3 Noémie | 4 Véra | 5 Karim | 6 Tom |

▶ p. 105

b   Finde heraus, welche Personen von **a** die gleichen Hobbys haben. Vergleicht eure Ergebnisse zu zweit.

S'entraîner | Trainieren

5   Qu'est-ce qu'ils aiment? Regarde les t-shirts et réponds. | Welche Hobbys haben sie? Schreibe die Sätze in dein Heft.

| 1 Laurine | 2 Lili | 3 Clara | 4 Bastien |

Parler | Sprechen

6 a Et toi? Qu'est-ce que tu aimes? Qu'est-ce que tu n'aimes pas? | Du bereitest dich auf ein Interview vor. Was magst du? Was magst du nicht? Formuliere Sätze.

Moi, j'aime le sport.

J'adore
J'aime beaucoup
J'aime (bien)
Je n'aime pas trop
Je n'aime pas
Je déteste

écouter la musique de ____.
dessiner.
regarder la télé.
chatter avec mes copains.
le foot.
les animaux.
____.

b Geht im Klassenraum umher und befragt euch gegenseitig zu euren Hobbys. ▶ Méthodes, p. 122, 18

Qu'est-ce que tu aimes?
Qu'est-ce que tu n'aimes pas?

Moi, j'aime chanter et je n'aime pas le skate. Et toi?

c Stellt die Ergebnisse eurer Umfrage der Klasse vor.

Exemple: Sven aime le skate. Maria et Nabil n'aiment pas faire la cuisine.

Écrire | Schreiben

7 Réponds au mail de Maxime Garnier. | Du suchst einen Brieffreund. Antworte Maxime. Schreibe über dich, deine Familie und deine Hobbys. Was magst du? Was machst du gern? Was nicht? Stelle ihm auch Fragen.  ▶ p. 106

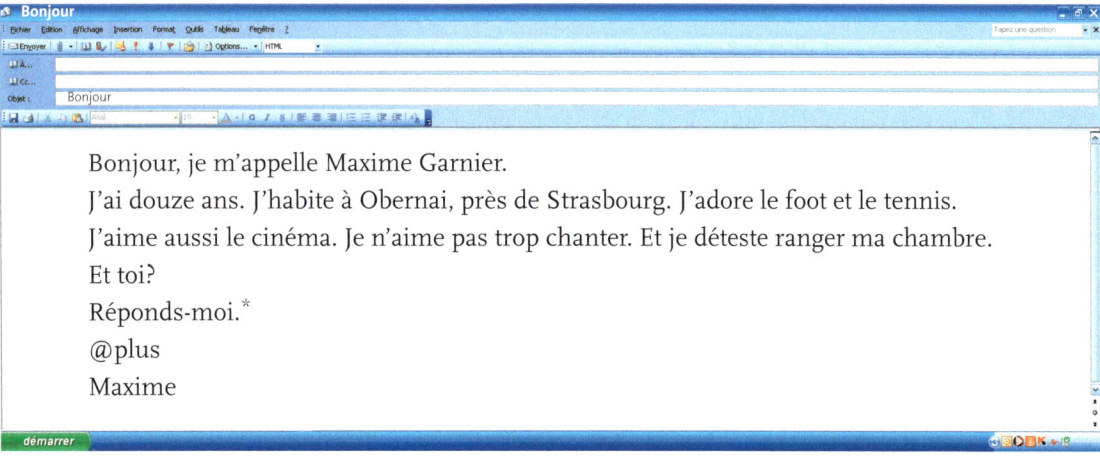

Bonjour, je m'appelle Maxime Garnier.
J'ai douze ans. J'habite à Obernai, près de Strasbourg. J'adore le foot et le tennis.
J'aime aussi le cinéma. Je n'aime pas trop chanter. Et je déteste ranger ma chambre.
Et toi?
Réponds-moi.*
@plus
Maxime

* **Réponds-moi.** Antworte mir.

Hier lernst du
– nach einer Telefon-
  nummer zu fragen,
– (d)eine Telefonnummer anzugeben.

Tu as le numéro de Robin?

1 26

DVD
www.
cornelsen.de/
webcodes
ATOI-1B-34

22|1

1 a Écoute et répète. | Hör dir das Gespräch an. Dann hör es dir noch einmal an und lies leise mit.

b Lisez le dialogue. | Lest das Telefongespräch mit verteilten Rollen.

Nicolas: Allô Marie? C'est Nicolas. Tu as le numéro de Robin?
Marie: Oui. Écoute. C'est le zéro un, trente-neuf, quarante-cinq, soixante-sept, quatre-vingt-dix-huit.
Nicolas: Je répète: 01.39.45.67.98.
Marie: Oui, c'est ça.
Nicolas: Merci. À plus.

2 27–28
22|2

2 Les chiffres. | Um deine Telefonnummer angeben zu können, brauchst du die Zahlen bis 100.
Hör zu und sprich mit. Lies und zeige dabei auf die Zahlen, S. 125.

In Frankreich ist es üblich, Telefon-nummern in zweistelligen Zahlen anzusagen.

1 29
23|5

3 a Écoute les numéros et décode le message. | Auf deiner Mailbox hörst du eine geheimnisvolle Zahlenfolge. Hör dir die Zahlenfolge zweimal an und schreibe sie auf.   ▶ Les nombres, p. 125

b Note. | Schreibe jetzt die dazugehörigen Buchstaben auf. Wie lautet die Botschaft?

A	B	C	D	E	F	G	H	I	J	K	L	M	N	O	P	Q	R	S	T	U	V	W	X	Y	Z
18	25	43	52	53	54	55	56	59	63	65	69	71	72	73	74	79	80	81	82	89	91	92	94	98	99

c Erfinde eine Zahlen-Nachricht für deinen Nachbarn / deine Nachbarin und diktiere sie ihm/ihr.

4 a Mon numéro, c'est le ___. | Geht in der Klasse umher. Diktiert euch gegenseitig eure Handynummern.

b À vous! Jouez le dialogue. | Spielt den Dialog Rücken an Rücken. Tauscht auch die Rollen.

A

Allô?

Oui. Bien sûr. Écoute. C'est le (01.72.63.46.12.86).

Oui, c'est ça. / Non. Écoute, c'est le ___.

Ciao. / Salut. / À plus!

B

Salut, c'est moi, ___. Tu as le numéro de ___?

Je répète: ___.

Merci, à plus.

Hier lernst du, dich zu verabreden.

Tu vas au club de foot?

1 Écoute et répète. | Hör dir das Gespräch an. Dann hör es dir noch einmal an und lies leise mit.

Robin: Allô?
Nicolas: Robin? Salut, c'est Nico. Tu vas au club de foot?
Robin: Oui.
Nicolas: Super, moi aussi. À quelle heure?
Robin: À trois heures, ça va?
Nicolas: D'accord. Tu passes d'abord chez moi?
Robin: Oui, d'accord. À trois heures chez toi. À plus.

2 Lis, écoute et répète. | Hör zu und lies mit. Da, wo eine Lücke steht, sprichst du nach.

Gehst du ins Stadion?
– Salut, Léo! [——]?
– Oui.
– Super! Moi aussi. [——].
– [——].

Kommst du vorher bei mir vorbei?
– Salut, c'est moi. [——]?
– Oui. [——]? À quelle heure?
– [——]?
– D'accord. [——]?
– Oui, [——]. À plus.

3 Jouez le dialogue au téléphone. | Verabredet euch am Telefon. Übt das Gespräch erst an eurem Tisch zu zweit. Dann spielt es zwei anderen Mitschülern/Mitschülerinnen vor.

A

Allô?

Oui. Bien sûr.

À deux/trois/quatre/___ heures, ça va?

Oui, d'accord. À deux/trois/quatre/ ___ heures chez toi.

B

Salut, c'est *(Name)*. Tu vas | au club de foot / de basket / de tennis au cinéma au cybercafé au roller parc au stade à la médiathèque à la piscine | aujourd'hui?

Super, moi aussi. À quelle heure?

D'accord. Ça va. | Tu passes d'abord chez moi?

Un stage de quad!

32–33

C'est mercredi après-midi. Robin ne va pas à l'école. Il est dans sa chambre. Il prépare un exposé. Son portable sonne.

Robin: Allô?

5 **Nicolas:** Salut, Robin, c'est Nico! Qu'est-ce que tu fais aujourd'hui? Tu vas au club de foot?

Robin: Non, je vais à la médiathèque. Je cherche des idées pour mon exposé.

Nicolas: Super, moi aussi! Tu passes d'abord
10 chez moi?

Robin: D'accord! À quelle heure?

Nicolas: À trois heures, ça va?

Robin: D'accord! Alors, à plus!

▶ *Trois heures. Nicolas et Robin vont à la*
15 *médiathèque. Là, ils surfent sur Internet.*

Robin: Nicolas! Regarde, un stage pour les quatorze à seize ans: quad et tennis!

Nicolas: Pas mal, j'adore le quad! Et c'est quand?
20 **Robin:** En juillet, deux semaines …

Nicolas: Super! En août, nous allons aux Deux-Alpes avec mes parents, mais en juillet, j'ai le temps! Et vous? Vous êtes là en juillet? Vous n'allez pas à Marseille?
25 **Robin:** Non … Mais Nico … euh … Il y a un problème, je n'ai pas encore quatorze ans.

Das *collège* ist eine Ganztags- und Gesamtschule. Nur am Mittwochnachmittag haben die Schüler und Schülerinnen keinen Unterricht.

Nicolas: Moi non plus, et alors?

Robin: Hum, je ne sais pas … quand même …

Nicolas: Regarde les photos, Robin! Un stage de
30 quad, c'est super!

Robin: Non, Nicolas! Ce n'est pas possible!

Nicolas: Écoute, j'ai une idée! Tu as ton portable?

Robin: Oui. Tu as le numéro?
35 **Nicolas:** Oui, c'est le 01.45.71.98.85.

Robin: Allô … Oui. Bonjour, madame, c'est pour le stage de quad et tennis. J'ai une question …

Hier lernst du
– ein Telefongespräch zu führen,
– zu sagen, wohin du fährst/gehst.

Lire et comprendre | Lesen und verstehen

1 a Qu'est-ce qui va ensemble? | Was passt zusammen? Lies den Text, S. 36, und ordne zu. Schreibe die Sätze in dein Heft.

25|1
25|2

 ▶ p. 106

1. Robin est …	a … les photos d'un stage de quad.
2. Il prépare …	b … sonne.
3. Son portable …	c … au club de foot aujourd'hui.
4. C'est …	d … dans sa chambre.
5. Robin ne va pas …	e … un exposé.
6. Robin et Nicolas vont …	f … à la médiathèque.
7. Là, ils surfent …	g … son copain Nicolas.
8. Ils regardent …	h … sur Internet.

b Nicolas und Robin haben ein Problem. Lest den Text noch einmal und besprecht zu zweit folgende Fragen:

1. Was ist das Problem?
2. Wie reagieren Robin und Nicolas?
3. Was würdet ihr an ihrer Stelle tun?

Répéter | Nachsprechen

2 a Écoute et répète. | Hör zu und sprich nach.

[**wa**]   moi   l'armoire   soixante-trois   ce soir

b [wa] ou [v]? Répète. | Hör erst zu. Sprich dann den Zungenbrecher nach.

Je rêve souvent dans le couloir devant le miroir de l'armoire.

Vocabulaire | Wortschatz

3 a Qu'est-ce qui va ensemble? | Was passt zusammen? Ordne zu. Es gibt mehrere Möglichkeiten.

regarder aller préparer aimer surfer avoir faire chercher	12 ans son portable la télé sur Internet au collège un exposé ses devoirs la photo

b Welche Wörter kennst du noch, die zu den Verben von a passen? Schreibe sie auf.
▶ Liste des mots, p. 128

c Fais des phrases. | Schreibe Sätze. Wer bildet den längsten Satz mit den Wörtern von a und b?

Exemple: Nous regardons la télé et …

Découvrir | Entdecken

4 a Um dich zu verabreden und zu sagen, wohin du gehen willst, brauchst du die Präposition *à*. Betrachte die Beispiele.

le club de foot	→ Je vais **au** club de foot.
la médiathèque	→ Je vais **à la** médiathèque.
l'école	→ Je vais **à l'**école.
les Deux-Alpes	→ Je vais **aux** Deux-Alpes.

Erinnere dich:
~~de + le~~ = *du*
~~de + les~~ = **des**
Was stellst du fest?

Koop

b Wofür steht *au*? Wofür steht *aux*? Formuliere eine Regel. Besprecht dann die Regel zu zweit.

S'entraîner | Trainieren

5 Tu vas au stade? | Spielt zu zweit. A wählt einen Ort aus der Tabelle aus und behält ihn für sich. B errät ihn. Wechselt euch ab. ▶ p.106

au	à la	à l'	aux
cinéma	boulangerie	hôtel	Deux-Alpes
club de foot	librairie	école	toilettes
cybercafé	médiathèque		
roller parc	cuisine		
stade			
supermarché			

Tu vas au supermarché?
Non.
Au cinéma.

6 a Ils vont où? Complète. | Wohin gehen sie? Setze die passende Form von *aller* ein. ▶ Repères, p. 41/2

vais	vas	va	allons	allez	vont

  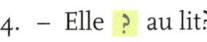

1. – Tu ? à la boulangerie?
– Non, je ? à la médiathèque.

2. – Vous ? aux Deux-Alpes?
– Non, nous ? à Marseille.

3. – Ils ? au collège?
– Non, ils ? au roller parc.

4. – Elle ? au lit?

b Et toi? Tu vas où après l'école? | Fragt euch gegenseitig, wohin ihr nach der Schule geht.

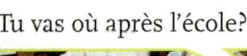

Tu vas où après l'école?
Je vais au roller parc. Et toi?

Écouter | Hören

36
ELF
▶ 27|7

7 Hier verabreden sich Freunde am Telefon.
Hör dir die drei Gespräche an und bringe die Bilder
in die richtige Reihenfolge.

Écrire | Schreiben

ELF

8 Un texto. | Verabredet euch mit eurem Nachbarn / eurer Nachbarin per SMS.

1. Cybercafé?
2. Oui.
3. Quand?
4. 16h00?
5. Non. Pas possible :-(
6. 17h00?
7. Super!
8. @ +

> Stellt vorher auf euren Handys die französische Sprachfunktion ein.

Parler | Sprechen

P F

9 Findet alle Wendungen in den Texten (S. 35 und 36), die ihr brauchen könnt, um euch zu verabreden. Schreibt sie in euer Heft.

p. 102

10 a Donnez-vous rendez-vous. | Verabredet euch.
Partner B: Schlage S. 102 auf. Partner A: Lies dir
deine Rollenkarte durch und bereite den Dialog
vor. Benutze die Wendungen aus der Übung 9.

b Setzt euch Rücken an Rücken und spielt das Telefongespräch.

c Spielt eure Telefonate der Klasse vor. Ihr könnt
dazu den Kniff mit dem Knick benutzen.
▶ Méthodes, p. 117

> Du willst dich verabreden und wählst Bs
> Nummer. B beginnt und meldet sich.
> (B: Allô!)
> **A:** Du meldest dich. Du sagst, wer du bist,
> und fragst, was B gerade tut.
> (B: Je regarde la télé.)
> **A:** Du schlägst vor, ins Internetcafé zu gehen.
> (B: Super! À quelle heure?)
> **A:** Du schlägst drei Uhr vor.
> (B: D'accord! Tu passes chez moi?)
> **A:** Du sagst, dass du einverstanden bist,
> und verabschiedest dich.
> (B: À plus!)

À toi: Donne rendez-vous à un copain / une copine

11 Eine Verabredung mit Hindernissen! Stell dir vor:
Es ist Freitagnachmittag und du willst dich mit
jemandem treffen. Dein Freund / Deine Freundin
hat etwas anderes vor. Du versuchst dein Glück bei
mehreren Freunden. Schreibt die Szene, übt sie ein
und spielt sie vor. ▶ Méthodes, p. 116

> **Überprüfe, ob du das jetzt kannst:**
> – Sage, was du gerne magst und
>   was du nicht gerne magst.
> – Gib deine Telefonnummer an.
> – Schlage einem Freund / einer Freundin vor,
>   um fünf Uhr ins Kino zu gehen.

Qu'est-ce que tu fais pendant les vacances?

▶ **On fonce!**

∘ **Activité:** quad-VTT
∘ **Âge:** 13 à 15 ans
∘ **Lieu:** Drôme
∘ **Date:** du 24 avril au 1er mai

▶ **C'est mon dada!**

∘ **Activité:** équitation
∘ **Âge:** 12 à 17 ans
∘ **Lieu:** Yvelines
∘ **Date:** du 24 avril au 1er mai

▶ **Fan de manga!**

∘ **Activité:** dessin
∘ **Âge:** 12 à 15 ans
∘ **Lieu:** Deux-Sèvres
∘ **Date:** du 19 au 23 avril

▶ **La traversée du Grand-Blanc**

∘ **Activité:** ski et chiens de traineau
∘ **Âge:** 12 à 15 ans
∘ **Lieu:** Haute-Savoie
∘ **Date:** du 17 au 23 avril

DELF 1 Qui fait quoi? | Welcher Ferienkurs passt zu Maxime? Welcher zu Anissa? Und welcher zu den anderen? Suche für sie aus. ▶ p. 30–31

DELF 2 Et toi? | An welchem Ferienkurs würdest du gerne teilnehmen? Begründe.

> Moi, j'aime / j'adore ___, alors je fais le stage «___».
> Moi, je voudrais faire le stage de «___» parce que* j'aime / j'adore ___.

* **parce que** weil

Das kannst du jetzt sagen

1   **So fragst du jemanden nach seinen Hobbys:**

Qu'est-ce que tu aimes?
Est-ce que tu aimes (la nature)?
Je n'aime pas (chatter). Et toi?

So sprichst du über das, was du magst / nicht magst:

J'aime / J'adore (le sport).
J'aime / J'adore (dessiner).
Moi aussi.
Je n'aime pas (le rap) / (chanter).
Moi non plus.
Mon hobby, c'est (le cheval).

So schlägst du etwas vor und verabredest dich mit jemandem:

On va (au roller parc)?
Oui. / Non, je vais (au club de foot).
Non, ce n'est pas possible.
Tu passes chez moi?
D'accord. / Oui, c'est possible.
Tu as le temps?
À quelle heure?
À 11 heures.
À plus!

So meldest du dich am Telefon:

Allô! / Allô, c'est moi. / Allô, c'est (Max).

Diese Grammatik benötigst du dazu

2
Je vais à la médiathèque.   ➡   **Das Verb** *aller*

aller (gehen)

Je	**vais**	à la médiathèque.
Tu	**vas**	au collège?
Il/Elle/On	**va**	au cinéma.
Nous	**allons**	aux toilettes.
Vous	**allez**	au parc?
Ils/Elles	**vont**	à l'école.

Merke:
*ils ont, ils sont,
ils font, ils vont.*

3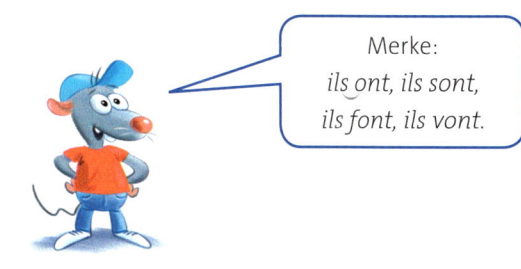
Je vais **au** stade.
Vous allez **aux** Deux-Alpes?   ➡   **Der zusammengezogene Artikel**
mit der Präposition *à*

Singular (Einzahl)

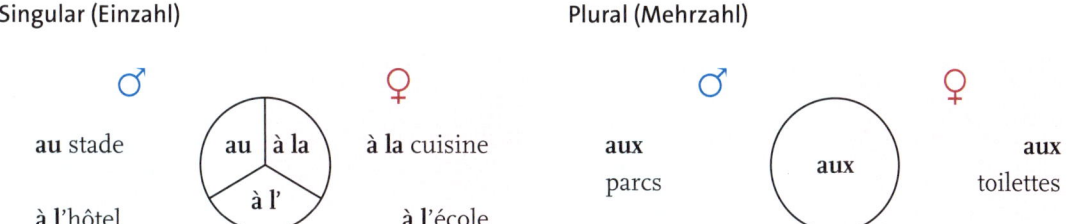

♂   ♀
au stade   **au** | **à la**   **à la** cuisine
            à l'
à l'hôtel   à l'école

Plural (Mehrzahl)

♂   ♀
aux   **aux**   **aux**
parcs   toilettes

1   Quelle facture va avec quel dialogue? Il y a une facture en trop. | Ordne die Dialoge den Rechnungen zu. Eine Rechnung bleibt übrig.

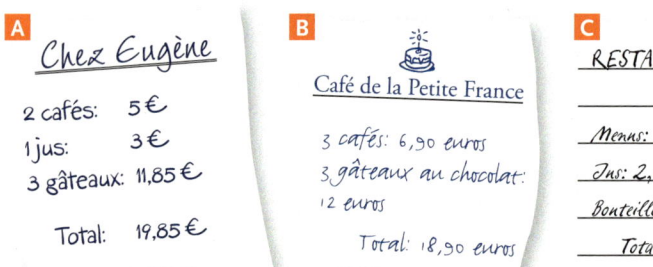
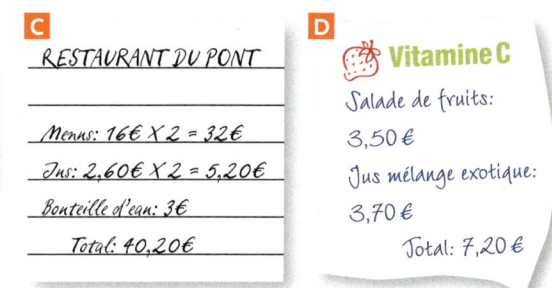

A

Chez Eugène

2 cafés: 5 €
1 jus: 3 €
3 gâteaux: 11,85 €

Total: 19,85 €

B

Café de la Petite France

3 cafés: 6,90 euros
3 gâteaux au chocolat:
12 euros

Total: 18,90 euros

C

RESTAURANT DU PONT

Menus: 16€ X 2 = 32€
Jus: 2,60€ X 2 = 5,20€
Bouteille d'eau: 3€
Total: 40,20€

D

Vitamine C

Salade de fruits:
3,50 €
Jus mélange exotique:
3,70 €

Total: 7,20 €

2   Le domino des chiffres. | Spielt Zahlendomino.
Setzt die Reihe fort.

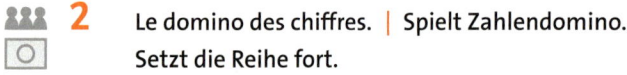

57   71   13

3   Conjuguez. A dit un chiffre entre 11 et 99. B conjugue le verbe. Puis changez de rôle. | A sagt eine Zahl zwischen 11 und 99. B konjugiert das Verb und bildet einen Satz. Tauscht die Rollen.

Exemple: **A:** 31. (3 → il; 1 → faire; 31 → il fait)   **B:** Il fait des photos.

1 je	**6** nous
2 tu	**7** vous
3 il	**8** ils
4 elle	**9** elles
5 on	

1 faire	**6** manger
2 rentrer	**7** aimer
3 aller	**8** chercher
4 être	**9** regarder
5 avoir	

4   Regardez la carte. | Schaut euch die Karte an.
Welche Telefonvorwahlen haben Paris, Straßburg,
Lyon, Bordeaux und Rennes?

Exemple: Strasbourg, c'est le 03.

In Frankreich beginnen Handy-
nummern mit 06 oder 07.

5   C'est quoi, ton numéro? Écoute. | Anissa hat ihr Handy verloren. Sie speichert die Nummern
ihrer Freunde in ihr neues Handy. Hör zu und achte dabei nur auf Namen und Telefonnummern.
Schreibe die Telefonnummern mit den passenden Namen in dein Heft.   ▶ p.106

DELF

Robin	Marie	Maxime

Weitere Übungen dazu

im Buch: S. 34/3+4
im Carnet: S. 27/8

6 a Apprends les rimes par cœur. | Lies die Reime laut und
lerne sie auswendig.

b Sagt sie als Partnergedicht auf: Jede/r sagt abwechselnd eine Zeile.

c Denkt euch eigene Reime mit *aller* aus. ▶ Liste des mots, p. 128

> *Je vais,*
> *tu vas,*
> *on va*
> *au cinéma.*
>
> *Nous allons,*
> *vous allez,*
> *ils vont*
> *à Avignon.*

7 Complète par les formes du verbe *aller*. | Ergänze mit den Formen von *aller*.

– Tu ? à la piscine?
– Non, je ? au stade.

– Vous ? chez Sophie?
– Non, on ? chez Louise!

Mes parents? Ils sont chez ma
tante. Après, ils ? au cinéma.

8 Du kennst außer *à* schon eine französische Präposition, die
auch mit dem bestimmten Artikel *le*, *la* *l'* und *les* zusammen-
gezogen wird. Welche ist das? Schreibe alle Formen in
dein Heft.

9 Posez des questions et répondez. | Fragt und antwortet abwechselnd:

Exemple: **A:** Tu vas au stade? **B:** Non. Moi, je vais à la boulangerie.

1. la boulangerie   3. la librairie   5. l'école   7. l'hôtel
2. les toilettes   4. le collège   6. le stade   8. le roller parc

> **Weitere Übungen dazu**
> im Buch: S. 38/4+5
> im Carnet: S. 28/2

10 À vous! Faites le dialogue. | Arbeitet zu zweit. A stellt eine Frage. B antwortet und verwendet *ne … pas*.
Wechselt euch ab.

Exemple: 1. – Tu t'appelles Lara? – Mais non, je ne m'appelle pas Lara. Je m'appelle Nora.

1 Tu t'appelles Lara?   Mais non, je ____. (Nora)

2 Tu es la sœur d'Inès?   Mais non, je ____. (Flore)

3 Tu habites à Strasbourg?   Mais non, je ____. (Paris)

4 Tu es en sixième?   Mais non, je ____. (cinquième)

5 Tu aimes la danse?   Mais non, je ____. (le foot)

6 Tu chattes avec tes copines?   Mais non, je ____. (cousines)

40–41

Vanessa n'aime pas ça

Arthur aime la nature,
Timothée aime le karaté,
Emma aime le cinéma,
Florence aime la danse,
5 Mais Vanessa n'aime pas ça.

Elle n'aime pas la nature.
Elle n'aime pas le karaté.
Elle n'aime pas le cinéma.
Elle n'aime pas la danse.
10 Non, elle n'aime pas ça.
C'est bête, mais c'est comme ça![2]

Arnaud aime le piano,
Marion aime l'aviron![3],
Annabelle aime le violoncelle,
15 Lucie aime l'acrobatie,
Mais Vanessa n'aime pas ça.

Elle n'aime pas le piano.
Elle n'aime pas l'aviron.
Elle n'aime pas le violoncelle.
20 Elle n'aime pas l'acrobatie.
Non, elle n'aime pas ça.
C'est bête, mais c'est comme ça!

Eh bien moi, je n'aime pas trop[4] Vanessa.
Non, je n'aime pas trop Vanessa.
25 C'est bête, mais c'est comme ça.
Eh oui, c'est comme ça!

39

La fête des animaux

Gabin, le lapin
Fête son anniversaire
Avec Albert, le hamster.

5 Lucien, le chien
Décore la salle
Avec Solal, le cheval.

Léon, le caméléon
Danse le cha-cha-cha
10 Avec Sacha, le chat.

Laurie, la souris[1]
Chante un rap
Avec Dora, le rat.

1 **la souris** die Maus
2 **C'est comme ça.** So ist das halt.
3 **l'aviron** *m.* das Rudern
4 **Je n'aime pas trop qn** Ich mag jemanden nicht so sehr.

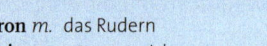

2 Écris une autre strophe. | Schreibe eine neue Strophe.

1 Quel dessin va avec quelle strophe? | Welches Bild passt zu welcher Strophe? Schreibe die Nummern in der richtigen Reihenfolge in dein Heft.

Victor   Mado   Pascal
Audrey   Véronique   Léon
Annette   Rémi
Alain   le basket
le sport   le volley   le judo
le handball   la musique
ses amis   ses copains
l'accordéon

Forum de fans

A ✉ Posté par **Mariléa**: Salut, je m'appelle Mariléa et je suis fan de Marion Duval! Cette bédé[1] est géniale. Marion Duval est mon personnage de bédé préféré[2], elle est cool et courageuse[3]. Mes histoires préférées sont «SOS Éléphants», «Rapt à l'Opéra» et «Un croco dans la Loire». Les histoires sont super et il y a plein d'aventures[4]. Alors, bonne lecture! Et vous, vous avez un personnage de bédé préféré?

B ✉ Posté par **Martin**: Salut, je m'appelle Martin, j'ai 12 ans, j'adore le chanteur de rap Oxmo Puccino. Sa chanson pour les droits de l'enfant[5], «Naître adulte», est ma chanson préférée; c'est une chanson de rap, mais le texte n'est pas violent[6]. J'aime aussi beaucoup la guitare dans cette chanson! Et vous, qu'est-ce que vous aimez écouter?

C ✉ Posté par **Camille**: Bonjour, je m'appelle Camille. Je suis belge, j'habite à Bruxelles et mon sport préféré, c'est le basket. Je suis fan de Toni Parker! Il joue maintenant aux U.S.A. Avec mon frère, on a une collection[7] de posters de TP (prononcez «Tipi»). Et toi, tu as une idole en sport?

1 **cette bédé** dieser Comic
2 **mon personnage préféré** meine Lieblingsfigur
3 **courageux/-euse** mutig
4 **plein d'aventures** viele Abenteuer
5 **les droits de l'enfant** Kinderrechte
6 **violent/e** gewalttätig
7 **la collection** die Sammlung

3 Tu es fan de bédés? Tu aimes la musique? Tu adores le sport? Réponds à Mariléa, Martin ou Camille.
Suche dir aus, ob du Mariléa, Martin oder Camille antworten möchtest und schreibe zurück.

Hier kannst du die Vokabeln und die Grammatik wiederholen, die du in den Unités 1–2 gelernt hast. Das Arbeitsblatt zu den Révisions 1 findest du unter **www.cornelsen.de/webcodes** ATOI-1B-46

Vocabulaire | Wortschatz

1 Trouvez au moins cinq différences. | Findet mindestens fünf Unterschiede. Partner B: Schlage S. 102 auf. Partner A: Sage, was es in deinem Klassenraum gibt. Partner B antwortet. Anschließend beginnt Partner B.

B ▶ p. 102

> **A** Dans ma salle de classe, il y a trois livres sur l'étagère. Et dans ta salle de classe?

| à côté de | à droite/gauche de | dans |
| derrière | devant | sous | sur |

> **B** (=) Dans ma salle de classe aussi.

> **B** (≠) Non, dans ma salle de classe, il y a deux DVD sur l'étagère.

2 Note d'autres mots. | Schreibe weitere Wörter aus dem Wortfeld „Schule" in einer Liste oder in einer Mindmap auf.

3 **a** Toujours des patates! Complète le poème. | Immer nur Kartoffeln! Vervollständige das Gedicht mit den Wochentagen, die fehlen.

b Écoute, lis et apprends par cœur. | Hör zu. Dann hör noch einmal zu und sing leise mit.

1
43–44

Lundi des patates[1],
Mardi des patates,
 ? des patates aussi,
 ? des patates,
 ? des patates,
 ? des patates aussi,

Et ? , jour du Seigneur[2]
Il y a des patates au beurre[3].

Lernt das Lied auswendig.

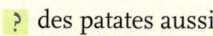
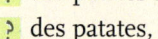

1 **la patate** die Kartoffel
2 **le jour du Seigneur** der Tag des Herrn (Sonntag)
3 **au beurre** mit Butter

4   Parlez de vos projets pour cette semaine. | Arbeitet zu zweit. A erzählt, was er/sie in dieser Woche macht – und baut dabei eine falsche Information ein. Wechselt euch ab.

Exemple:

A: Lundi, je vais au cinéma.

B: D'accord. / Pas mal. / Super! / C'est faux!*

* **C'est faux!** Das ist falsch

> **aller** à l'école / au club de foot / au stade / chez mes grands-parents / chez mon copain (Leon) / ___
>
> **faire** la cuisine / la fête avec ___ / un gâteau pour ___ / ___
>
> **travailler** pour l'école / à la médiathèque / dans ___
>
> **préparer** un exposé / une fête-surprise pour ___ / ___

5   Ils habitent à quel numéro? | Welche Hausnummer haben sie? Hör zu und schreibe nur die richtigen Hausnummern in dein Heft.

1. **63 – 73 – 13**   3. **5 – 50 – 15**   5. **73 – 63 – 43**   7. **45 – 85 – 54**
2. **98 – 88 – 24**   4. **81 – 91 – 24**   6. **60 – 30 – 90**   8. **88 – 48 – 98**

Grammaire | Grammatik

6 **a**   *Est-ce que* ou *Qu'est-ce que*? Complète. Trouve de qui on parle. | Finde heraus, von wem die Rede ist.

1. – **?** c'est un garçon?
   – Non. C'est une fille.
2. – **?** elle habite près de Paris?
   – Oui.
3. – **?** elle habite à Levallois?
   – Oui.
4. – **?** il y a dans sa chambre?
   – Il y a des posters.
5. – **?** il y a un ordinateur dans sa chambre?
   – Je ne sais pas.

6. – **?** elle a des frères et sœurs?
   – Oui. Deux frères et une sœur.
7. – **?** elle aime?
   – Elle aime la photo et elle adore dessiner.
8. – **?** elle adore la nature et les animaux?
   – Oui. Elle aime les chevaux.
9. – **?** elle fait après l'école?
   – Elle rentre avec sa copine Marie.
10. – Alors, c'est ___!

b   Faites des devinettes comme en **a**. | Stellt euch Rätsel wie in **a**.

 7   Présente un des deux jeunes. | Stelle einen der Jugendlichen vor.

Alex
Hambourg
13 ans
♡ le tennis
♡♡ la musique
🚫 le hip-hop

Miriam
Pessac (Bordeaux)
15 ans
♡♡ les ordinateurs
♡ le foot
🚫 la danse

46–48

La famille de Mamimo

Elle s'appelle Monique Berger, mais pour tout le monde[1], c'est Mamimo, «Mami» comme Mamie et «Mo» comme Monique. Mamimo, c'est rigolo[2]!

À ce soir, Mamimo!

Salut Mamimo! Je suis avec mon copain Fofana!

Mamimo, où sont les tartines?

Mamimo, tu joues[3] avec nous?

Mamimo, j'ai un problème!

BOMP

C'est la fête chez Mamimo!

Mamimo, tu joues avec nous?

C'est bientôt[4] l'anniversaire de Mamimo. 80 ans!

Comment faire[5]? Ici, c'est trop petit[6] pour une fête.

1 **pour tout le monde** für alle
2 **rigolo** lustig
3 **jouer** spielen
4 **bientôt** bald
5 **Comment faire?** Wie soll ich das machen?
6 **ici, c'est trop petit** hier ist es zu klein

Die Geschichte zum Comic findest du unter www.cornelsen.de/webcodes
Gib folgenden Webcode ein: ATOI-1B-48

La fête pour mes 80 ans, ici, ce n'est pas possible ...

Allons chez Serge! J'adore ses pizzas!

Alors, c'est pour combien de personnes[1]?

Alors ... Il y a mes deux petits-fils et mes deux petites-filles ...

Alors on invite mon oncle Gilou avec ses deux fils, ma grand-mère ... ma sœur ... Ah oui, et Gustave, le grand-père d'Alban et de Maurice!

Attention[2], il y a aussi ma mère, mon père, mes deux cousines Ambre et Maeva, ma tante Cécile et son ex-mari ...

... mon frère avec sa femme Gaëlle et Gustave, le père de sa femme ... et Sébastien, le père de mes filles ...

2 petits-fils, 2 petites-filles, 1 mère, 3 pères, 2 fils, 1 sœur, 1 frère, 1 grand-père, 1 grand-mère, 1 oncle, 1 tante, 2 cousines, 1 femme, 1 ex-mari, ça fait 20 personnes!

Mamimo, tu joues avec nous?

Zut! Je n'ai pas Mamimo! Ça fait 21 ...

1	**combien de personnes** wie viele Personen
2	**attention** aufgepasst

D'abord[1], je fais les pizzas. Ensuite[2] la salade.

Ah, ils arrivent! ... Ils sont seulement[3] 10?!?

À ta santé[4], Mamimo!

Joyeux anniversaire, Mamimo!

19, 20, 21, ...

Tu joues avec nous, Mamimo?

1 **d'abord** zuerst
2 **ensuite** anschließend
4 **seulement** nur
5 **À ta santé!** Auf dein Wohl!

1 Raconte la bédé «La famille de Mamimo». | Erzähle einem Freund, der kein Französisch versteht, worum es in dem Comic geht.

31|1 **2** Was hat Serge falsch gemacht? Erstelle einen Stammbaum der Familie von Mamimo. Auf wie viele Personen kommst du? Einen leeren Stammbaum findest du unter www.cornelsen.de/webcodes ATOI-1B-51

3 a Lis ces lettres de lecteurs. | Lies diese Briefe, die Jugendliche geschrieben haben. Worum geht es in allen fünf Texten?

1 Je suis de Lyon, mais j'habite à Strasbourg avec ma mère et son copain. Je n'ai pas de frères et
5 sœurs. Mes parents sont séparés. Mon père habite à Genève avec sa femme et les deux fils de sa femme. Je passe les
10 vacances chez mon père. Ma belle-mère est sympa mais ses enfants m'énervent!
Jade, 12 ans

2 Dans ma famille, ça va très bien. Mes parents sont ensemble. Ils travaillent beaucoup, mais ils sont
5 aussi là pour nous. J'ai deux sœurs et un frère. Mes sœurs ont cinq et sept ans, mon frère a 10 ans et moi, j'ai 11 ans. Je joue beaucoup
10 avec mes frères et sœurs.
Mathilde

3 Ma mère habite à Nantes avec ma sœur. J'habite à Paris avec mon père et mon frère.
5 Mon frère est toujours avec ses copains, alors moi, je joue avec mon hamster. Il est toujours dans ma chambre.
10 C'est mon ami!
Paul, 11 ans

4 Ma sœur et moi, nous avons des problèmes à la maison. Ma mère est super, mais mon beau-père crie[1]
5 toujours!
Léo, 13 ans

5 Dans ma famille, nous sommes trois enfants. Mes frères ont 18 et 20 ans. Ma mère est au chômage[2]. Mon père est toujours
5 à Paris pour son travail, mais nous passons le week-end ensemble!
Julien, 14 ans

1 **crier** schreien
2 **être au chômage** arbeitslos sein

b Ça va super? Ça ne va pas? | Wer ist zufrieden? Wer nicht? Lies diese Briefe noch einmal und verteile ☺ ☺☹. Begründe deine Meinung mit Hilfe des Textes.

🎧 Il est quelle heure?

Préparer la lecture | Das Lesen vorbereiten

1 a Regarde le plan du collège. | Die Bezeichnungen für die meisten Räume in einem *collège* kannst du verstehen. Schreibe sie aus dem Grundriss ab und notiere die deutschen Entsprechungen dahinter.

b Was sind *le CDI*, *l'infirmerie* und *la salle de permanence*? ▶ Civilisation, p. 123, La France en direct, p. 62

les toilettes des filles

l'infirmerie *f.*

le gymnase

la salle de classe

les toilettes des garçons

la cour

la salle des professeurs

la salle de permanence

le secrétariat

le CDI

la cantine

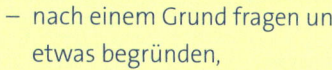

Nach Unité 3 kannst du
– nach einem Grund fragen und etwas begründen,
– sagen, wie spät es ist,
– einen typischen Schultag deiner Klasse vorstellen.

Répéter │ Nachsprechen

2 Écoute et répète. │ Hör die Uhrzeiten an.
Beim zweiten Hören sprichst du leise mit.

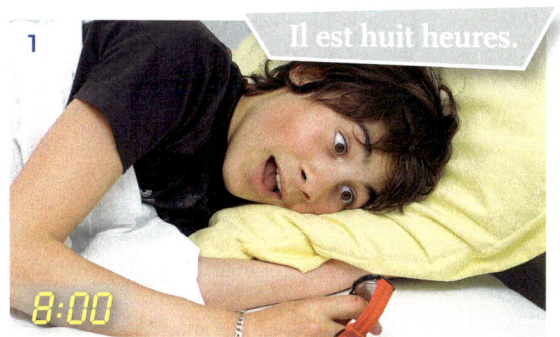

1 — Il est huit heures. — 8:00

2 — Il est huit heures et demie. — 8:30

3 — Il est midi vingt-cinq. — 12:25

4 — Il est une heure moins cinq. — 12:55

5 — Il est cinq heures moins le quart. — 16:45

6 — Il est cinq heures et quart. — 17:15

Lire et comprendre │ Lesen und verstehen

3 a Regarde les photos. │ Schau dir die Fotos an. Welcher Satz passt zu welchem Foto?

Exemple: **1 E** 8:00: Il est huit heures. Je suis encore au lit. Zut!

A Anissa et moi rentrons à pied.
B Marie et moi sommes à la cantine.
C Nous avons anglais* avec Madame Taylor.

D C'est la récré. Je suis dans la cour avec Thomas.
E Je suis encore au lit. Zut!
F J'arrive au collège.

* **anglais** Englisch

b Écoute. │ Hör zu und überprüfe, ob du die Sätze von a richtig zugeordnet hast.

S'entraîner | Trainieren

4   Il est midi. | Ordne die Uhren den passenden Sprechblasen zu.

A Il est midi et demi.

B Il est cinq heures moins le quart.

C Il est neuf heures et quart.

D Il est deux heures trente-cinq.

E Il est une heure cinq.

F Il est deux heures moins cinq.

G Il est sept heures et demie.

H Il est une heure moins vingt.

5 a   Écoute. | Hör dir die Uhrzeiten an und bringe sie in die richtige Reihenfolge.

34|2

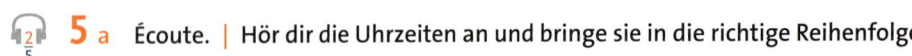

b   Il est quelle heure? | Arbeitet zu zweit. Partner A tippt auf eine der Uhren und fragt nach der Uhrzeit. Partner B sagt, wie spät es ist.

6   Tu as l'heure? | Wie spät ist es? Fragt euch abwechselnd nach der Uhrzeit. Schreibt euch die Zeiten auf, die euer Partner / eure Partnerin nennt. Partner B schlage S. 103 auf. A beginnt.

B ▶ p.103

35|5

Exemple:
A: Tu as l'heure? / Il est quelle heure?
B: (Oui.) Il est huit heures et demie.

7 a   «L'heure, c'est l'heure». Écoute la chanson. | Hör dir das Lied „Es ist Zeit" an. Welche Uhrzeiten kommen darin vor? Schreibe sie in dein Heft.

6–7

b   Chantez. | Hört euch das Lied noch einmal an und singt dann mit.   ▶ Paroles, p. 174

8 a   Qu'est-ce qui va ensemble? | Was passt zusammen? Ordne die Wortgruppen den Bildern zu.

devant la télé	à la cantine	dans la salle de classe
dans la cour	aux toilettes	en permanence
au gymnase	à l'infirmerie	au CDI

b   Écoute. Où est Maxime? | Hör zu und sage, wo sich Maxime befindet.

Maxime est dans la cour.

9   Décris la journée d'Anissa. | Wo ist Anissa um sieben Uhr? Wohin geht sie dann? Beschreibe ihren Tagesablauf.

35|6

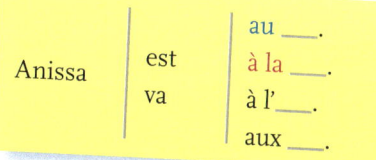

Anissa	est	au ___.
	va	à la ___.
		à l' ___.
		aux ___.

Exemple:
1. Il est sept heures. Anissa est au lit.
2. Il est huit heures moins le quart. Anissa va au collège.

▶ p. 107

le lit

le collège

le gymnase

le secrétariat

la cantine

les toilettes

le CDI

la boulangerie

🎧 2 9
DVD
www.
cornelsen.de/
webcodes
ATOI-1B-56

Mon emploi du temps, c'est l'horreur!

> Hier lernst du
> – über deinen Stundenplan zu sprechen,
> – deine Meinung zu sagen.

1 Écoute le dialogue et répète. | Maxime und Laurine unterhalten sich über ihren neuen Stundenplan. Hör dir das Gespräch an. Dann hör es dir noch einmal an und sprich leise mit.

Après les cours, Laurine et Maxime Fournier rentrent ensemble.

Maxime: Ça ne va pas? Qu'est-ce qu'il y a?

Laurine: Ah, mon emploi du temps, c'est l'horreur! Le lundi nous avons maths à huit heures. Le vendredi après-midi à quatre heures
5 aussi. C'est nul!

Maxime: Moi, les maths, ça va. Mais moi, j'ai deux heures de français avec Madame Forestier le lundi, le mardi et le vendredi. C'est la cata!

Laurine: Deux heures de français! C'est nickel! J'adore Madame Forestier! Quelle chance!

2 Regarde les emplois du temps. | Sieh dir beide Stundenpläne an. Welcher ist Laurines? Welcher Maximes? Begründe.

> Welche Fächer gibt es am *Collège*, die es an deiner Schule nicht gibt?

	LUNDI	MARDI	MERCREDI	JEUDI	VENDREDI
8 h 15 à 9 h 10	SVT (Mme Murat)	Français (Mme Forestier)	Allemand (M. Lenoir)		Français (Mme Forestier)
9 h 10 à 10 h 05	Arts Plastiques (M. Pont)		SVT (Mme Murat)	Allemand (M. Lenoir)	
10 h 30 à 11 h 25	Français (Mme Forestier)	Histoire-géo (M. Legrand)	Anglais (Mme Taylor)	Permanence	Maths (M. Robert)
11 h 25 à 12 h 20			Techno (M. Miroir)	Histoire-géo (M. Legrand)	
			Cantine		
14 h 00 à 14 h 55	EPS (M. Parc)	Allemand (M. Lenoir)		EPS (M. Parc)	Physique (Mme Cousin)
14 h 55 à 15 h 50		Musique (M. Pont)			Histoire-géo (M. Legrand)
16 h 05 à 17 h 00		Anglais (Mme Taylor)		Maths (M. Robert)	

	LUNDI	MARDI	MERCREDI	JEUDI	VENDREDI
8 h 15 à 9 h 10	Maths (M. Robert)		Musique (Mme Taylor)		SVT (Mme Murat)
9 h 10 à 10 h 05		Allemand (Mme Meier)	Permanence	Techno (M. Miroir)	
10 h 30 à 11 h 25	Anglais (Mme Taylor)	Permanence	Physique (Mme Cousin)	Histoire-géo (M. Legrand)	Permanence
11 h 25 à 12 h 20		Histoire-géo (M. Legrand)	EPS (M. Parc)		Français (Mme Forestier)
			Cantine		
14 h 00 à 14 h 55	SVT (Mme Murat)	EPS (M. Parc)		Allemand (Mme Meier)	Anglais (Mme Taylor)
14 h 55 à 15 h 50	Allemand (Mme Meier)			Français (Mme Forestier)	
16 h 05 à 17 h 00	Français (Mme Forestier)	Maths (M. Robert)		Arts Plastiques (M. Pont)	Maths (M. Robert)

3 a Écoute et chante. | Hör dir den Rap an.
Dann sprich mit.

b Sprecht den Rap zu zweit als Partner-Rap.
A beginnt mit der ersten Zeile,
B liest die zweite Zeile usw.

On a cours
tous les jours,*
SVT et arts plastiques,
EPS, maths et physique.
Allemand, français,
anglais, musique,
histoire-géo et aussi techno.
On a cours
tous les jours.
Moi, j'adore l'allemand!
Et ton emploi du temps?

* **tous les jours** jeden Tag

4 Quand est-ce que tu as maths? | Laurine und
Maxime tauschen sich über ihren Stundenplan aus.
Verteilt die Rollen und fragt euch gegenseitig. ▶ p. 56

> Quand est-ce que tu as allemand?

> J'ai allemand le lundi à trois heures
> moins cinq et le jeudi à ___.

▶ p. 107

5 Ça va, ton emploi du temps? | Laurine **A** und Maxime **B** sprechen darüber, wie sie ihre Stundenpläne,
S. 56, finden. Spielt die Szene. Sprecht dabei mindestens über drei unterschiedliche Tage.

A   Il est comment, ton emploi du temps?   **B**

Ah, Alors, Eh bien,	le lundi, le vendredi ___	à huit/ neuf/___ heures		maths anglais allemand SVT arts plastiques techno EPS physique français musique	avec Monsieur/ Madame ___ (Name).	
Et après, à dix heures et demie Et à onze heures vingt-cinq Et à midi et demi Et à ___			j'ai			C'est super! C'est génial! C'est nickel! J'adore l'anglais avec M./ Mme ___ (Name)! C'est l'horreur! C'est nul! C'est la cata! Bof! Je déteste les maths/___.

Et le mardi / le mercredi / le ___?

Ah, Alors, Eh bien,	le mardi / le mercredi / le ___ (weiter wie oben)

Et ton emploi du temps, il est comment?

Ah, Alors, Eh bien,	le jeudi / le mercredi / le ___ (weiter wie oben)

Ce n'est pas son jour!

🎧 12–13

1

C'est mardi. Le mardi, la cinquième A a toujours cours à neuf heures dix. Aujourd'hui, Marie est en retard. Elle va chez le CPE.

Marie: Euh … Pardon. Je suis en retard.
5 **Le CPE:** Et pourquoi est-ce que tu es en retard?
Marie: Parce que ma montre ne marche pas.
Le CPE: Hum … Voilà ton mot d'excuse …
Marie: Merci, monsieur.

2

10 *Le mardi, la cinquième A a toujours histoire-géo à onze heures vingt-cinq. Aujourd'hui, il y a une interro-surprise!*

La prof: Notez vos réponses sur la feuille. Vous pouvez utiliser votre atlas. Vous avez
15 quinze minutes.
Marie: Madame, je ne peux pas faire l'interro.
La prof: Et pourquoi est-ce que tu ne peux pas faire l'interro?
Marie: Parce que je n'ai pas mon atlas.

3

20 *À treize heures, Marie, Laurine et leurs copains mangent à la cantine. Après, ils ont EPS. Mais aujourd'hui, ils ne peuvent pas entrer dans le gymnase.*

Le surveillant: Pourquoi est-ce que vous n'êtes
25 pas dans le gymnase?
Marie: Parce que notre prof n'est pas là. Alors on ne peut pas entrer.

4

*Le mardi, la cinquième A a toujours maths à seize heures cinq. Les élèves adorent leur prof
30 de maths.*

Marie: Monsieur, vous avez nos interros?
Le prof: Oui, bien sûr! … Et maintenant corrigez vos fautes, s'il vous plaît.
Marie: Monsieur, je ne peux pas …
35 **Le prof:** Et pourquoi est-ce que tu ne peux pas?
Marie: Parce que j'ai 20 sur 20!

In Frankreich ist 20 die beste Note, 0 die schlechteste.

Hier lernst du
– zu sagen, dass du zu
   spät bist und dich zu entschuldigen,
– nach einem Grund zu fragen und zu
   begründen,
– zu sagen, dass du etwas (nicht) kannst.

Lire et comprendre | Lesen und verstehen

38|1 **1** a Vrai ou faux? | Richtig oder falsch?
Korrigiere die falschen Aussagen.

1. Marie arrive au collège à huit heures.
2. Marie est en retard parce qu'elle n'a pas sa montre.
3. Il y a une interro-surprise de maths.
4. Marie n'a pas son atlas.
5. Les élèves ne peuvent pas entrer dans le CDI.
6. Les élèves n'aiment pas leur prof de maths.
7. Marie ne peut pas corriger son interro.

b «Ce n'est pas son jour!» Explique le titre du texte. | Erkläre die Überschrift des Textes.

Répéter | Nachsprechen

2|14 **2** a Hier hörst du Wörter mit dem Laut [s] (wie in Ku**ss**) und Wörter mit dem Laut [z] (wie in Ro**s**e).
Schreibe die beiden Laute auf zwei Zettel und halte immer den Laut hoch, den du hörst.

b Écoute et répète. | Hör dir die Wörter noch einmal an und sprich sie nach.

1 Salut!	**2** garçon	**3** monsieur	**4** les enfants	**5** À plus!	**6** Zut!	**7** danser
8 à deux heures	**9** soixante	**10** quinze	**11** organiser	**12** ils sont		**13** ils ont

Vocabulaire | Wortschatz

3 a Fais un associogramme sur le thème du collège. | Finde alle Wörter und Wendungen zum Thema *collège* auf den S. 52, 56 und 58. Erstelle eine Mindmap. ▶ Méthodes, p. 112, 6

b Comparez et complétez. | Vergleicht und ergänzt eure Ergebnisse zu zweit.

c Erfindet für eure Mitschüler/Mitschülerinnen ein Kreuzworträtsel mit den Wörtern von a.
38|2 ▶ Méthodes, p. 113, 7

Découvrir | Entdecken

4 a Am Ende dieser Unité beschreibst du den Schulalltag deiner Klasse. Dafür musst du z. B. wissen, wie man „unser" auf Französisch sagt. Betrachte die Beispiele. Wann benutzt du *notre*, wann *nos*?

 Voilà **notre** prof.

 Voilà **nos** profs.

b Qu'est-ce qui va ensemble? | Was passt zusammen? Es gibt mehrere Möglichkeiten.

Où sont		salle de classe	
C'est		prof de français	.
Rangeons	notre	interros	?
Voilà	nos	livres de maths	!
Nous cherchons		CDI	

S'entraîner | Trainieren

5 **Notre collège est super!** | **Unsere Schule ist toll!**
In einer E-Mail stellt eure Partnerklasse ihre Schule vor und stellt euch Fragen. Ergänzt die Sätze mit *notre*, *nos* und *votre*, *vos*.   ▶ Repères, p. 63/2

39|4
39|5

> *notre*, *nos* = „unser/e"
> *votre*, *vos* = ?

1. Dans **notre** collège, ? profs sont sympa.   →   Et dans **votre** collège: est-ce que ? profs sont sympa?

2. ? ordinateurs corrigent ? interros.   →   Est-ce que vous corrigez ? interros?

3. Dans ? cour, il y a un roller parc.   →   Qu'est-ce qu'il y a dans ? cour?

4. ? surveillants sont super.   →   Et ? surveillants?

5. ___   →   ___

6 a **On va au CDI?** | Partner B: Schlage S. 103 auf.
Partner A: Du machst Partner B Vorschläge.
Er/Sie lehnt ab und sagt, warum er/sie nicht kann.

B ▶ p. 103
41|9

> regelmäßig → Wochentag **mit** Artikel
> *le lundi* = montags
> nur ein Mal → Wochentag **ohne** Artikel
> *lundi* = diesen Montag

Exemple:
A: On va au CDI, mardi?
B: Non, je ne peux pas.
A: Pourquoi est-ce que tu ne peux pas?
B: Parce que le mardi, j'ai toujours mon cours
   de tennis.

1. aller au CDI, mardi?
2. préparer notre exposé, jeudi?
3. rentrer ensemble, vendredi?
4. faire la cuisine ensemble, dimanche?

b Nun macht Partner B dir Vorschläge. Du antwortest.

5. le lundi = n'avoir pas le temps
6. le mercredi = être toujours chez mon grand-père
7. le jeudi = aller toujours au club de foot
8. le samedi = aller toujours au cybercafé

41|10 **7** Conjugue le verbe *pouvoir*. | Du kennst bereits die Form *je peux* (ich kann). Schreibe nun die restlichen Formen von *pouvoir* aus dem Text, S. 58 heraus. Welche Form fehlt? Wie lautet sie?

Écouter | Hören

15

42|11

8 a Tarik présente sa journée au collège. | Tarik stellt seinen Tagesablauf in der Schule vor. Hör zu und ordne die Bilder in der richtigen Reihenfolge.

b Hör noch einmal zu und achte auf die Uhrzeiten.
Schreibe sie mit der Nummer des passenden Fotos in dein Heft.

 ▶ p. 108

À toi: Présente ta journée au collège

9 Ein typischer Tag in eurer Klasse. Beschreibt einer französischen Klasse euren Tagesablauf zu verschiedenen Uhrzeiten. Ihr könnt Fotos machen und kurze Texte oder Erklärungen dazu schreiben.

Le mardi, nous avons toujours français à huit heures et quart. Là, nous sommes dans notre salle de classe. À droite, c'est Madame Schüller, notre prof de français …

Le lundi/mardi/___, ___
à ___ heure/s, ___
nous avons (toujours)/allemand/
sport/___ avec Madame/Monsieur ___.

Nous sommes | à la cantine.
au gymnase.
à la médiathèque.
dans notre salle de classe.
dans la cour.
___.

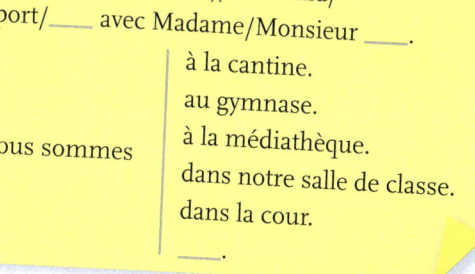

Überprüfe, ob du das jetzt kannst:
– Frage jemanden, wie spät es ist.
– Sage, was du freitags um 8 Uhr und um 15 Uhr machst.
– Frage jemanden, warum er/sie zu spät ist.
– Sage, dass du am Samstag nicht ins Kino gehen kannst, weil du bei deiner Tante bist.

Au collège

Tu es nouveau au collège Jean Jaurès?
Voici des endroits importants du collège:

La permanence
Ton prof n'est pas là?
Va en permanence. Dans
la salle de permanence,
il y a nos surveillants:
Élodie, Anna, Marc …

L'infirmerie
Ça ne va pas? Va à l'infirmerie.
Là, il y a Madame Malivet, notre
infirmière. Elle est sympa et elle
aime aider[1] les élèves!

Le CDI
Tu cherches un livre, une
revue, des bédés ou un DVD?
Va au CDI. Là, notre
documentaliste, Madame
Lapage, peut t'aider.

Le bureau de la vie scolaire
Tu es en retard? Tu as des problèmes avec
des élèves du collège? Va au bureau de la vie
scolaire. Là, il y a Monsieur Morin, notre CPE.

1 **aider qn** jdm helfen

Apprendre à apprendre: la médiation | Sprachmittlung trainieren

1 **So kannst du französische Texte auf Deutsch wiedergeben** ▶ Méthodes, p. 120

a Wenn du einen französischen Text auf Deutsch wiedergeben möchtest, musst du nicht jedes Wort übersetzen. Es genügt, die wichtigsten Informationen zusammenzufassen.

b À toi! | Probiere es gleich aus! Du kannst auf dieser Internetseite schon viel verstehen. Lies den Text oben und mache dir Stichpunkte in dein Heft. Erkläre dann einem Freund / einer Freundin, der/die kein Französisch versteht, worum es hier geht.

Das kannst du jetzt sagen

1   So sprichst du über die Uhrzeit:

Il est quelle heure?
Il est (huit heures et demie).
La 5ᵉ A a cours à (neuf heures moins cinq).

So sprichst du über deine Schule und fragst
jemanden nach seiner Schule:

Notre collège, c'est (le collège Jean Jaurès).
Nos profs sont sympa.
Dans notre collège, il y a (un CDI).
Et dans votre collège?
Est-ce que vos profs sont sympa?

So sprichst du über deine Woche /
deinen Stundenplan:

Le (lundi), j'ai cours à (huit heures).
Le (mardi), j'ai (SVT) avec (Mme Murat). C'est
nickel!
(Mercredi), je vais chez ma tante. C'est la cata!
(À midi), je mange à la cantine.
(À dix heures), c'est la récréation.

So fragst du jemanden nach einem Grund
und gibst einen Grund an:

Pourquoi est-ce que (vous ne pouvez pas entrer)?
Parce que (notre prof n'est pas là).
Pourquoi est-ce que (tu ne peux pas faire l'interro)?
Parce que (je n'ai pas mon atlas).

Diese Grammatik benötigst du dazu

2   Voilà **notre** prof.
Voilà les élèves de la 5ᵉ A et **leur** prof.   **Die Possessivbegleiter** *notre*, *votre*, *leur* …

♂	notre votre leur	♀	♂	nos vos leurs	♀
livre ami		montre amie	livres amis		montres amies

Wann verwendest du *leur*, wann *leurs*?
Besprecht euch zu zweit. Formuliert eine Regel.
▶ Solutions, p. 174

Ce sont Zoé et Léo
et leur livre.

Ce sont Maxi et Max
et leurs livres.

3   Je ne **peux** pas faire l'interro.
Tu **peux** travailler au CDI.   **Das Verb** *pouvoir*   ▶ Les verbes, p. 126

1 On va au cinéma, lundi? | Du möchtest dich mit einem Freund / einer Freundin verabreden, aber er/sie hat immer sehr viel vor. Formuliere deine Vorschläge und die Antworten.

Exemple:
– On va au cinéma, lundi?
– Non, je ne peux pas. Le lundi, je vais toujours au roller parc.

Weitere Übungen dazu
im Buch: S. 60/6
im Carnet: S. 41/9

va au cinéma	(le) lundi	je vais toujours au roller parc
↓	↓	↓
va à la médiathèque	(le) mardi	j'ai toujours mon cours de tennis
rentre ensemble	(le) mercredi	je vais toujours au CDI
regarde la télé ensemble	(le) jeudi	je mange toujours chez mon père
fait la cuisine ensemble	(le) vendredi	je range toujours ma chambre

 2 a La chanson du verbe *pouvoir*. | Lernt das Lied zum Verb *pouvoir* und tragt es zu zweit als Partner-Rap vor: A beginnt, B „antwortet". Tauscht auch die Rollen.

b Le verbe *pouvoir*. | Schreibt die Tabelle mit dem Verb *pouvoir* ab. Tauscht eure Blätter aus und korrigiert euch gegenseitig. ▶ Les verbes, p. 126

 3 Spielt zu zweit. A würfelt. B konjugiert das Verb *pouvoir*. A kontrolliert. Wechselt euch ab. ▶ Les verbes, p. 126

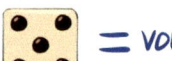

 4 Qu'est-ce qu'on peut faire? Écris des phrases. | Schreibe mindestens acht Sätze mit *pouvoir* in dein Heft. ▶ Les verbes, p. 126

Exemple:
Ils peuvent préparer des spaghettis.

Je		préparer des spaghettis.
Tu		aller au roller parc.
Il/Elle/On		regarder la télé.
Rose		aller au CDI.
Nous	*pouvoir*	faire la fête.
Vous		chatter avec les copains.
Ils/Elles		dessiner des mangas.
Matéo et Lisa		écouter des chansons de ____.

Weitere Übungen dazu
im Buch: S. 61/7
im Carnet: S. 41/10

5 Relie. | Welcher Text passt zu welchem Bild? Ordne zu. ▶ Repères, p. 63/2

C'est **votre** chien?

1

Ce sont **vos** enfants?

2

Voilà **votre** cadeau.

3

Voilà **vos** cadeaux.

4

a Hier **euer** Geschenk.   **b** Ist das **Ihr** Hund?   **c** Hier **eure** Geschenke.   **d** Sind das **Ihre** Kinder?

6 Complète. | Hier wird die 5ᵉ C vom Collège Blaise Pascal vorgestellt. Ergänze mit *leur, leurs*.
▶ Repères, p. 63/2

1

Voilà les élèves de
la 5ᵉ C et **leur** prof.

2

Voilà ? copains.

3

Voilà ? collège. C'est
le collège Blaise Pascal.

4

Voilà ? livres
d'allemand.

5

Voilà ? interros.

6

Voilà ? salle de classe.

7

Voilà ? surveillants et
? CPE.

8

Là, ils sont dans ?
cour.

 7 a Complète les phrases. | Ergänze die Sätze mit *notre/nos, votre/vos* oder *leur/leurs*.

1. – Vous faites ? exposé ensemble?
   – Oui, nous faisons ? exposé ensemble.
2. Océane et Maxime chantent avec ? prof.
3. Monsieur, est-ce que vous avez ? interros?
4. Les élèves corrigent ? fautes.
5. Madame, ce sont ? livres?

> **Weitere Übungen dazu**
>
> im Buch: S. 59/4, S. 60/5
> im Carnet: S. 39/4+5+6

b Vergleicht und besprecht eure Ergebnisse zu zweit.

* **en face** gegenüber

1 a Lis la bédé et raconte ce qui se passe. | Lies die Bildgeschichte und erzähle auf Deutsch, was hier passiert.

b Dessine ta bédé. | Zeichne eine eigene Bildgeschichte zum Thema Schule.

Veranstaltet eine Ausstellung in der Schule.

In der südfranzösischen Stadt Angoulême findet jedes Jahr das bedeutendste Comicfestival Europas statt.

Le canon des flocons

Les flocons jour et nuit
Les flocons tombent sans bruit
Tous les toits sont recouverts
On a compris c'est l'hiver

Jean-Luc Moreau,
Le manège de la neige

Schneeflocken-Kanon

Schneeflocken, Schneeflocken, Tag und Nacht
Schneeflocken fallen lautlos herab
Alle Dächer sind bedeckt
Eins ist klar
Der Winter ist da

L'automne

Il pleut
des feuilles jaunes
il pleut
des feuilles rouges

5 L'été va
s'endormir
et l'hiver
va venir
sur la pointe
10 de ses souliers
gelés

Anne-Marie Chapouton,
Poèmes petits

Der Herbst

Es regnet
gelbe Blätter
es regnet
rote Blätter

Der Sommer
legt sich schlafen
der Winter
kommt
auf spitzen
frostigen
Sohlen

2 Choisis un des deux poèmes, écoute-le et apprends-le par cœur. |
Wähle ein Gedicht aus und lerne es auswendig.

Pendant l'année

En janvier, j'ai un nouveau calendrier.
En février, je me déguise[1] de la tête aux pieds[2].
En mars, je continue à faire des farces[3].
En avril, je fais des tours en ville.
5 En mai, je fais ce qui me plaît[4]!
En juin, je retrouve mes copains.
En juillet, je fais la grasse matinée[5].
En août, je joue tous les jours au foot.
En septembre, je range ma chambre.
10 En octobre, je rêve, je n'aime pas octobre.
En novembre, j'attends[6] le mois de décembre!

Catherine Jorißen

1 **je me déguise** ich verkleide mich
2 **de la tête aux pieds** von Kopf bis Fuß
3 **faire des farces** Streiche spielen
4 **ce qui me plaît** was mir gefällt
5 **faire la grasse matinée** lange schlafen
6 **attendre qc** auf etw. warten

3 Et toi? Qu'est-ce que tu fais en janvier, en février …? Écris ton poème. | Was machst du im Januar,
Februar …? Schreibe dein Gedicht.

Hier kannst du überprüfen, welche Kompetenzen du in den Unités 2–3 erworben hast.
Das Arbeitsblatt zum Bilan 2 findest du unter **www.cornelsen.de/webcodes**   ATOI-1B-68.

Compréhension écrite | Leseverstehen

1   Où sont les jeunes? | Wo sind die Jugendlichen? Schreibe zu jedem Satz den passenden Buchstaben auf.

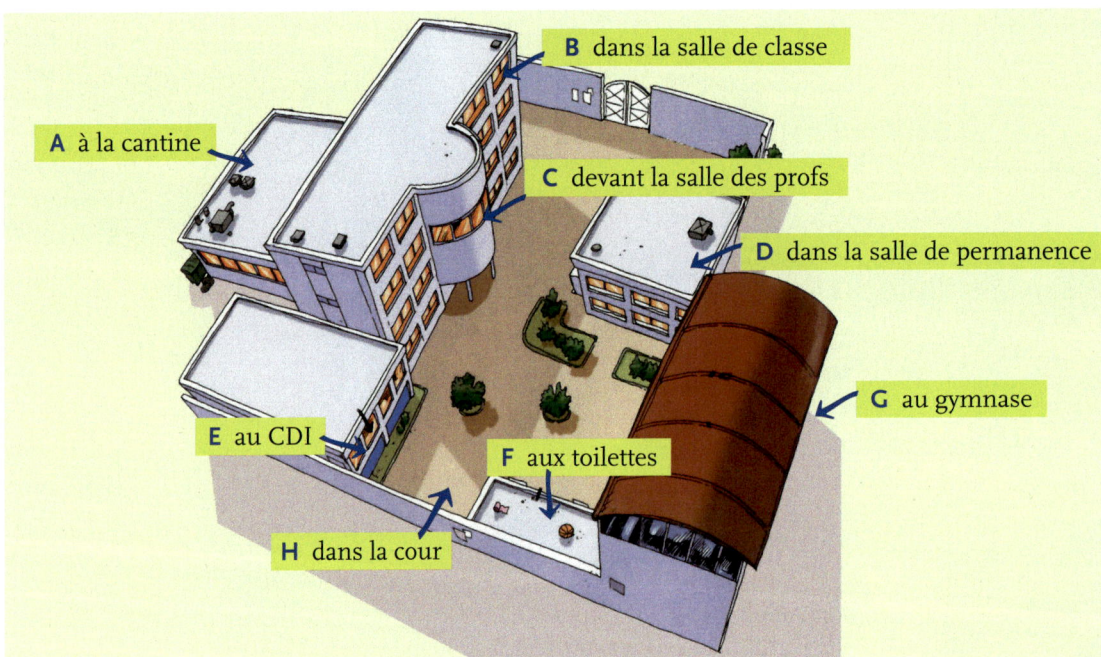

B dans la salle de classe
A à la cantine
C devant la salle des profs
D dans la salle de permanence
G au gymnase
E au CDI
F aux toilettes
H dans la cour

1. À midi, les élèves mangent ensemble.
2. Robin surfe sur Internet.
3. Océane cherche sa prof de français.
4. Anissa fait ses devoirs.
5. La 4e B a EPS.
6. Les élèves de la 5e A ont allemand avec Madame Fischer.
7. Il y a deux portes: une pour les filles et une pour les garçons.
8. Il y a des surveillants et des élèves et les élèves ne travaillent pas.

Production écrite | Schriftlicher Ausdruck

2   Réponds aux questions. | Du hast dich in einem Internet-Forum vorgestellt und hast nun eine E-Mail von Amélie bekommen. Beantworte ihre Fragen. Denke an Begrüßung und Verabschiedung.

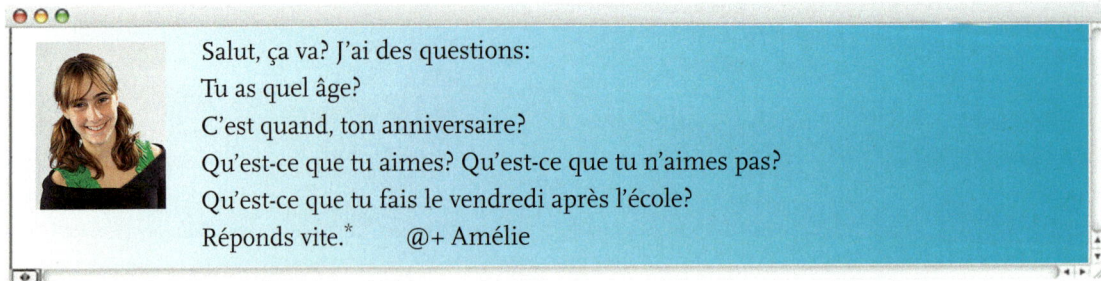

Salut, ça va? J'ai des questions:
Tu as quel âge?
C'est quand, ton anniversaire?
Qu'est-ce que tu aimes? Qu'est-ce que tu n'aimes pas?
Qu'est-ce que tu fais le vendredi après l'école?
Réponds vite.*   @+ Amélie

* **Réponds vite.** Antworte schnell.

Compréhension orale | Hörverstehen

3 a Écoute. Qui parle à qui? | Hör zu. Hier verabreden sich Freunde. Wer ruft wen an? Ein Paar bleibt übrig.

Ben → Léa

Maxime → Ben

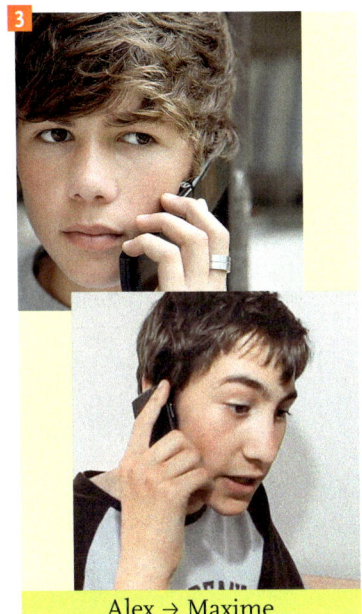
Alex → Maxime

b Fais le tableau dans ton cahier, écoute les dialogues et complète le tableau. | Übertrage die Tabelle in dein Heft. Hör dir die Dialoge noch zweimal an und vervollständige die Tabelle.

Qui?	Quoi?*	Quand?	Avec qui?

* **Quoi?** Was?

Production orale | Mündlicher Ausdruck und Sprachmittlung

4 Posez des questions et répondez. | Arbeitet zu dritt.
Deine Mutter kann kein Französisch, möchte aber viel über den Geburtstag deines französischen Brieffreundes Benoît erfahren, der bei euch zu Besuch ist. Stelle ihre Fragen auf Französisch und erkläre ihr die Antworten von Benoît.

Deine Mutter fragt:
- ob er eine Party macht,
- um wie viel Uhr,
- wo er die Party macht,
- warum er denn bei seiner Tante feiert,
- ob er Freunde einlädt,
- was sie machen.

Benoît antwortet:
- Oui, samedi.
- À 16 heures.
- On fait la fête chez ma tante.
- Parce que mes parents travaillent.
- Oui, j'invite treize copains.
- On regarde un DVD et on danse.

🎧 On a français!
22–24

Image 1

1 Thomas n'est pas là, aujourd'hui?

3 Je peux allumer la lumière, s'il vous plaît?

4 Je peux fermer la fenêtre? J'ai froid.

2 Non, il est malade.

5 Monsieur, s'il vous plaît, vous avez nos interros?

Image 2

1 Maintenant, vous allez travailler en groupe. Marie, tu peux écrire le sujet au tableau, s'il te plaît?

4 On peut travailler ensemble, Karine et moi?

2 Je peux distribuer les feuilles?

3 Je peux me mettre à côté de Marc?

5 On est trois. Thomas est malade. Qu'est-ce qu'on fait?

Image 3

4 Bon, terminez votre travail. Retournez à vos places. Écoutez bien. Le groupe A commence. Marc, viens au tableau, s'il te plaît.

1 Nous avons terminé. Vous pouvez me donner un transparent et un feutre, s'il vous plaît?

2 Monsieur, je peux me laver les mains, s'il vous plaît?

3 Monsieur, vous pouvez venir, s'il vous plaît?

1 Écoute et lis. | Hör dir die Unterrichtsszenen an. Beim zweiten Mal liest du leise murmelnd mit.

 2 Qu'est-ce qu'on dit? | Lies die Szenen auf S. 70. Finde heraus, wie man Folgendes auf Französisch sagt:

1. Madame Durand, können Sie bitte mal kommen?
2. Darf ich die Blätter austeilen?
3. Marie ist heute nicht da. Sie ist krank.
4. Darf ich mich neben Victor setzen?
5. Darf ich das Fenster schließen? Mir ist kalt.
6. Darf ich mir bitte die Hände waschen?
7. Können Sie mir bitte eine Folie und einen Folienstift geben?
8. Wir sind fertig.

 3 Écoute et répète. | Hör dir die Dialoge an. Da, wo eine Lücke steht, hörst du erst zu und sprichst dann nach.

Samuel: Thomas [——]?
Tom: Non, [——].
Samuel: Qu'est-ce qu'il a?
Tom: [——].
Samuel: Ah, voilà Monsieur Robert. Bonjour, Monsieur, [——]?

 4 À vous. Écrivez une scène et jouez-la. | Schreibt eine kurze Unterrichtsszene. Übt sie ein. Ihr könnt sie am Tag der offenen Tür aufführen.

Ihr könnt den Text auf der Seite 58 und die Dialoge (linke Seite) als Muster verwenden.

 ▶ p. 108

5 Faites une liste du vocabulaire en classe. | Gestaltet eine Liste zum Klassenraumfranzösisch mit den neuen Sätzen aus Unité 3 und diesem Modul. Ergänzt sie im Laufe des Schuljahres.

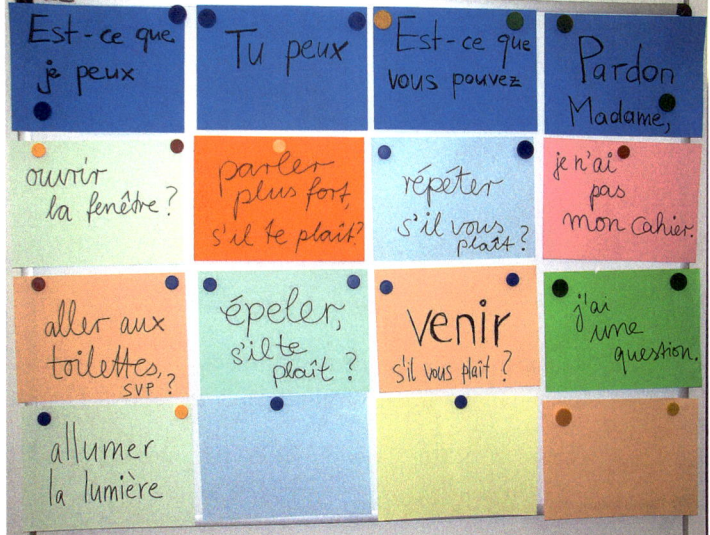

Qu'est-ce qu'on mange ce soir?

Océane a faim!

beaucoup de beurre

un pot de confiture

un yaourt

J'ai soif.
Qu'est-ce qu'il y a
dans le frigo?

un peu de fromage

un kilo de tomates

une bouteille
d'eau minérale

un litre de lait

six œufs

une bouteille de jus d'orange

Écouter et comprendre | **Hören und verstehen**

1 a Regarde l'image, écoute et montre du doigt les aliments. | Zeige auf die Lebensmittel, die genannt werden. Vergleiche mit deinem Nachbarn / deiner Nachbarin.

48|1   **b** Écoute et répète. | Hör dir die Wörter noch einmal an. Sprich nach.

Nach Unité 4 kannst du
– sagen, dass du Hunger oder Durst hast,
– ein Einkaufsgespräch führen.

J'ai faim … Ah, il y a des fruits sur la table!

une pomme

une orange

une banane

un sachet de bonbons

2   Vrai ou faux? | Hör zu und vergleiche mit dem Bild.

48|2

Il y a trois pommes sur la table.

Oui, c'est vrai [1].

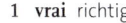
1 **vrai** richtig
2 **faux** falsch

Il y a un yaourt dans le frigo.

Non, c'est faux [2], il y a quatre yaourts dans le frigo.

Répéter | Nachsprechen

3 a Écoute et répète. | Hör zu und sprich nach.

[i] le kilo   le frigo   [y] sur   la confiture   [ɥ] la cuisine   huit   les fruits

b À vous! | Schreibt jede/r einen Satz mit mindestens vier Wörtern von a. Tauscht eure Sätze und lest sie euch laut vor.

4 a Écoute le rap. | Hör dir den Rap an und lies mit.

> J'ai faim. Tu as faim?
> Robin! On a faim!
> J'ai soif. Tu as soif?
> Gustave! On a soif!
> Qu'est-ce qu'il y a dans le frigo?
> Un peu de lait et des gâteaux.
> C'est bon, Manon?
> Miam, c'est bon!

b À vous! Chantez le rap. | Singt mit.

Découvrir | Entdecken

5 a Un kilo de tomates. | Ein Kilo Tomaten. Wie werden im Französischen Mengen angegeben? Lies auf S. 72–73 nach. Wie gibst du Mengen im Deutschen an? Was ist anders?

b Tauscht eure Ergebnisse erst zu zweit, dann in der Klasse aus.

6 Qu'est-ce que tu achètes? | Du kaufst ein. Wie viel kaufst du von jeder Sache? Schreibe einen Einkaufszettel. ▶ Repères, p. 83/2

1. 18 sachets de bonbons
2. ___

un litre de/d'
un kilo de/d'
un pot de/d'
une bouteille de/d'
un peu de/d'
un sachet de/d'

+

oranges   pommes
bananes   lait
eau minérale   beurre
confiture   fromage
jus d'orange   tomates
bonbons

Apprendre à apprendre: écouter | Hörverstehen trainieren

55|7 7   So machst du dir beim Hören Notizen   ▶ Méthodes, p. 114, 9

a Wie du dich auf das Hören eines Textes vorbereitest, weißt du schon (▶ S. 32).
Hier weitere Tipps für das Hören:
  – Hör dir den Text einmal an und konzentriere dich nur auf die Informationen, nach denen in der Aufgabe
    gefragt wird.
  – Hör dir den Text noch einmal an und mache dir Notizen.
    1. Schreibe nur Stichwörter auf, keine ganzen Sätze.
    2. Kürze lange Wörter ab.
    3. Verwende auch Zeichen, z. B. **+** oder **=** oder 😊.

b À toi! | Probiere es in der Aufgabe **8** gleich aus.

> Dans le frigo il y a
> deux yaourts, quatre
> œufs et trois bananes.

frigo:
2 ya. + 4 ⬭ + 3 ban.

8   Écoute le dialogue. Laurine et Maxime ont faim.
Qu'est-ce qu'il y a dans le frigo? Et sur la table? |
Hör zu und mache Notizen in dein Heft.

 ▶ p. 109

sur la table	dans le frigo

Parler | Sprechen

9 a Trouvez les dix différences. | Findet die zehn Unterschiede. Partner B: Schlage S. 104 auf.
▶ p. 104   **Partner A: Hör zu, was Partner B über sein/ihr Bild sagt und sage dann, was auf deinem Bild zu sehen ist.**

Exemple:
B: Sur ma table, il y a cinq bananes.
A: Sur ma table, il y a trois bananes.

b À vous! Continuez. | Bereitet für eure Mitschüler / Mitschülerinnen ein Bilderrätsel wie in **a** vor und
spielt weiter.

Ça fait combien?

DVD
www.cornelsen.de/webcodes
ATOI-1B-76

1 a Écoute le dialogue et répète. | Marie kauft ein. Hör dir das Gespräch an. Dann hör noch einmal zu und sprich leise mit.

b Lisez le dialogue. Travaillez à deux. | Hört das Gespräch noch einmal und lest es mit verteilten Rollen. Dann tauscht die Rollen.

Marie: Bonjour, madame. Je voudrais une glace vanille-chocolat, s'il vous plaît.
Vendeuse: ... Oui ... Et avec ça? ... Ça sera tout?
Marie: Oui, merci, c'est tout. Ça fait combien?
5 **Vendeuse:** Deux euros, s'il vous plaît.
Marie: Voilà ... Merci ... Au revoir, madame.
Vendeuse: Au revoir.

2 a Ça fait combien? Écoute les dialogues. | Hör zu und schreibe auf, was zusammenpasst.

51|1

A	cinq glaces vanille-chocolat	1	1,70 euro
B	deux sachets de bonbons	2	5,40 euros
C	quatre croissants	3	10 euros
D	trois bouteilles de coca	4	2,40 euros
E	deux pains au chocolat	5	2,99 euros
F	une bouteille de jus d'orange	6	4,20 euros

> Cinq glaces vanille-chocolat, ça fait dix euros.

b Comparez vos résultats. | Vergleicht, welche Preise zu welchen Produkten passen.

3 Lis, écoute et répète. | Hör zu und lies mit. Da, wo eine Lücke steht, sprichst du nach.

51|2

Zwei Kilo Orangen, bitte!

– Bonjour! Je voudrais [——].
– [——]?
– Merci, c'est tout. [——]?
– [——].
– Voilà ...
– Merci! Au revoir!

4 Au marché. | Auf dem Markt. Finde die Reihenfolge des Gesprächs wieder. Schreibe es in dein Heft.

1. – C'est tout, merci. Ça fait combien?
2. – Au revoir.
3. – Voilà.
4. – Ça fait deux euros.
5. – Bonjour. Je voudrais un kilo de pommes, s'il vous plaît.
6. – Merci, au revoir.
7. – Et avec ça?
8. – Bonjour, monsieur.

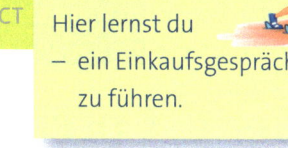

Hier lernst du
– ein Einkaufsgespräch zu führen.

5 a Écoute et lis le dialogue. | Hör und lies dieses Einkaufsgespräch.

2|35
52|3
52|4

b À vous! Jouez le dialogue. | A ist Kunde/in, B ist Verkäufer/in. Übt den Dialog ein. Kauft mindestens drei Dinge ein. Nach einem Durchgang tauscht ihr die Rollen.

A

Bonjour,	madame.
	monsieur.

B

Bonjour.

Je voudrais	un/deux/trois croissant(s)		s'il vous plaît.
	un/deux/___ pain(s) au chocolat		
	un sandwich	au fromage au jambon	
	une/deux/___ bouteille(s)	de coca d'eau minérale d'orangina de jus d'orange	

Oui. Voilà.	Et avec ça?
	C'est tout?
	Ça sera tout?

Je voudrais aussi	une glace	à la vanille au chocolat vanille-chocolat	s'il vous plaît.
	un/deux/___ sachet(s) de bonbons		

Oui. Voilà.	Et avec ça?
	C'est tout?
	Ça sera tout?

Oui, merci. C'est tout. Ça fait combien?

Un Deux Trois ___	euro(s)	dix vingt ___ quatre-vingt-dix	s'il vous plaît.

Voilà ___ euro(s). Merci. Au revoir,	madame.
	monsieur.

Merci et au revoir.

🎧 2
36–37

Le dîner est prêt!

1

Nicolas et Océane rentrent à la maison.

Océane: Ah, il y a un message.

Coucou, les enfants, c'est maman. Je rentre à
5 sept heures. Est-ce que vous pouvez acheter six œufs et faire une quiche aux légumes, s'il vous plaît? Il y a
10 vingt euros sur mon bureau. Merci et à plus!

2

*Nicolas et Océane ne sont pas contents.
Ils ne veulent pas de légumes. Et ils ne
veulent pas faire la cuisine.*

15 **Océane:** Zut! Ça fait beaucoup de travail.
Nicolas: Oh non! Je ne veux pas de quiche aux légumes! On mange trop de légumes dans notre famille! On peut peut-être acheter un poulet et un sachet
20 de frites.
Océane: C'est cher, un poulet! On a assez d'argent?
Nicolas: Hum, oui. On a vingt euros.
Océane: D'accord. Alors, moi, j'achète les
25 frites et toi, tu achètes le poulet?
Nicolas: D'accord. Elle est formidable, notre idée! À plus!

Et qu'est-ce qu'on fait comme dessert?

3

▶
30 **Nicolas:** Bonjour, monsieur, combien est-ce qu'ils coûtent, vos poulets?
Vendeur: 6 euros 50!
Nicolas: Alors, je voudrais deux poulets et six œufs!
35 **Vendeur:** Et avec ça?
Nicolas: Merci, c'est tout. Ça fait combien?
Vendeur: Ça fait 15 euros 40.
Nicolas: Voilà.
Vendeur: Merci et au revoir!
40 **Nicolas:** Au revoir, monsieur!

Salut, les enfants! Alors, la quiche est prête?

4

In Frankreich isst man abends meist
etwas Warmes. Wie ist es bei euch?

Hier lernst du
– zu sagen, dass etwas (nicht) teuer ist,
– Vorschläge zu machen,
– zu sagen, dass du etwas (nicht) möchtest.

Lire et comprendre | Lesen und verstehen

 53|1   **1** a   **Complète le texte. | Vervollständige den Text.**

Nicolas et Océane rentrent à la maison et
il y a ? de leur mère. «Est-ce que vous pouvez
acheter ? et préparer ? , s'il vous plaît?»
Océane et Nicolas ? parce que ? .
Ils veulent acheter un poulet et un sachet de
frites. Océane achète ? . Nicolas achète ? .
Madame Moreau rentre ? . ? est prêt mais ? .

 b   **Est-ce que Madame Moreau est contente?**
Pourquoi? Pourquoi pas? Réponds. | Ist Madame
Moreau zufrieden? Warum? Warum nicht?
Antworte.

1. le dîner   2. une quiche aux légumes
3. ça fait beaucoup de travail   4. un sachet
de frites   5. ne sont pas contents
6. il n'y a pas de quiche   7. six œufs
8. deux poulets   9. un message
10. à 19 heures

 ▶ p. 109

Vocabulaire | Wortschatz

 54|3   **2**   **Qu'est-ce qu'on fait pour le dîner? | Finde im Text, S. 78, die entsprechenden Sätze und schreibe sie auf**
Französisch in dein Heft.

1. Könnt ihr eine Quiche machen?
2. Sie möchten nicht kochen.
3. Mist. Das ist viel Arbeit.
4. Wir könnten vielleicht ein Hühnchen kaufen.
5. Das ist teuer!
6. Haben wir genug Geld?
7. Wir haben 20 Euro.
8. Ich kaufe die Pommes und du kaufst das Huhn.
9. Und was machen wir zum Nachtisch?

Découvrir | Entdecken

 54|5   **3**   *Vouloir* wird wie *pouvoir* konjugiert.
Ergänze die fehlenden Formen und schreibe sie in
dein Heft.

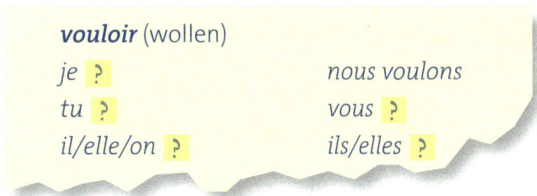

vouloir (wollen)
je ?   nous voulons
tu ?   vous ?
il/elle/on ?   ils/elles ?

4   **Vous voulez faire beaucoup de choses. Mais vous ne pouvez pas. | Arbeitet zu zweit. A sagt, was er/sie**
tun will. B sagt, warum das nicht geht. Wechselt euch ab.

A: Je veux acheter des bonbons.
B: Mais tu ne peux pas parce que tu n'as pas d'argent.

1. acheter des bonbons   2. faire une salade
3. faire un gâteau   4. faire des tartines
5. préparer mon exposé   6. ___

pas d'argent   pas d'atlas
pas d'œufs   pas de tomates
pas de confiture   ___

S'entraîner | Trainieren

5 Océane va au supermarché. Qu'est-ce qu'elle achète? | Spielt „Kofferpacken". Océane kauft ein. Was kauft sie?

Elle achète six œufs.

Elle achète six œufs et trois pots de confiture.

Elle achète six œufs, trois pots de confiture et ___.

6 a Qu'est-ce qu'il faut acheter? | Sagt euch gegenseitig, was ihr einkaufen sollt. Partner B: Gehe auf S. 104.
Partner A: Sage Partner B, was er einkaufen soll.

B ▸ p. 104

A: Tu peux acheter un kilo de tomates, s'il te plaît?

b Partner B sagt dir, was du einkaufen sollst.
Hör zu und schreibe einen Einkaufszettel.

c Corrigez vos listes de courses. | Kontrolliert eure Einkaufszettel gegenseitig.

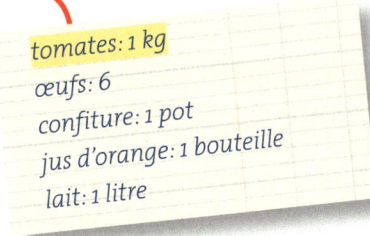

tomates: 1 kg
œufs: 6
confiture: 1 pot
jus d'orange: 1 bouteille
lait: 1 litre

Écouter | Hören

7 Écoute. C'est où? Quelle photo correspond à quel dialogue? | Welches Foto passt zu welchem Dialog?
▸ Méthodes, p. 114

A

B

C

D

8 Au marché. | Was ist heute im Angebot? Zu welchem Preis? Hör zu und schreibe in dein Heft.

9 a Combien est-ce qu'ils achètent? | Wie viel kaufen sie wovon? Übertrage die Tabelle
in dein Heft. Hör dir die Gespräche an und vervollständige die Tabelle.

▶ p. 109

	Monsieur Fournier	Madame Moreau	Marie	Nicolas
il/elle achète				

b Ça fait combien? | Wie viel kostet das?
Hör dir die Gespräche noch einmal an und ordne
die passenden Preise zu.

7 € 20	3 € 20
4 € 25	6 € 40

À toi: Aujourd'hui on prépare le dîner

10 a Ihr sollt das Abendessen zubereiten. Einigt euch in
einem Dialog darüber,
– was ihr zubereiten wollt,
– was ihr dafür einkaufen müsst,
– ob ihr genug Geld habt,
– wer von euch was einkauft.
Ihr könnt dafür die Sätze von den Seiten 77 und 78
verwenden. ▶ Banque de mots, p. 147

b Lernt den Dialog und übt ihn ein. Ihr könnt den
„Kniff mit dem Knick" anwenden.
▶ Méthodes, p. 117

c Jouez la scène. | Spielt die Szene vor.

– Je voudrais faire une quiche.
– D'accord. On peut acheter
des œufs et des légumes.
– Oui. Et aussi beaucoup de
fromage.
– C'est cher le fromage. On
a assez d'argent?
– Oui. J'ai quinze euros.
– C'est formidable! Moi, j'achète
les œufs et le fromage!
– Hum, ok. Et moi, j'achète
les légumes.
– Alors, à plus!

A faire une quiche
B acheter:
  œufs + légumes
A + beaucoup de
  fromage
B cher!
  assez d'argent
A quinze euros
B moi:
  œufs + fromage
A ok. moi:
  légumes
B à plus!

Überprüfe, ob du das jetzt kannst:
– Sage, dass du Hunger hast.
– Sage, dass du einen Apfel,
  eine Flasche Orangensaft und eine Tüte
  Bonbons möchtest.
– Frage, wie viel das kostet.
– Sage, dass das zu teuer ist.

Recette: La quiche aux légumes

Pour quatre personnes, il faut:

200 grammes de farine[1]

un peu de sel et un peu de poivre

100 ml d'eau

1 pot de crème fraîche

100 grammes de beurre

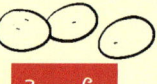
3 œufs

2 tomates

2 courgettes[2]

1

Mélange[3] le beurre, la farine, le sel et un peu d'eau pour faire la pâte[4].

4

Verse[9] le mélange sur les légumes. Allume[10] le four[11] (200 degrés). Laisse au four pendant 30 minutes.

2

Étale[5] la pâte, beurre[6] le moule[7] et pose la pâte sur le moule. Pique la pâte avec une fourchette[8]. Pose les courgettes et les tomates sur la pâte.

Tu peux manger la quiche avec une salade.

3

Mélange les œufs, la crème fraîche, un peu de sel et un peu de poivre avec une fourchette.

Bon appétit!

1	**la farine** das Mehl	7	**le moule** die Form
2	**la courgette** die Zucchini	8	**la fourchette** die Gabel
3	**mélanger qc** etw. mischen	9	**verser qc** etw. gießen
4	**la pâte** der Teig	10	**allumer qc** etw. einschalten
5	**étaler qc** etw. ausrollen		
6	**beurrer qc** etw. einfetten	11	**le four** der Ofen

---

1 Tu es à la maison avec ton frère. Vous voulez faire une quiche aux légumes. | Was braucht ihr? In welcher Menge? Erkläre ihm das Rezept.

2 À toi! Fais une quiche aux légumes et apporte-la en classe. | Backe für deine Klasse eine Gemüse-Quiche und bringe sie mit.

Das kannst du jetzt sagen

1 So führst du ein Einkaufsgespräch:

Bonjour, je voudrais (deux bananes).
Je voudrais aussi un kilo de (pommes).
Et avec ça?
Ça sera tout?
Merci, c'est tout.
Ça fait/coûte combien?
Ça fait/coûte (quatre euros dix).
C'est cher. / Ce n'est pas cher.

So sagst du, dass du Hunger und Durst hast:

J'ai faim. / J'ai soif.

So machst du einen Vorschlag und reagierst darauf:

On peut peut-être acheter un (poulet)?
D'accord.
Ton idée est formidable.

So sagst du, dass du etwas (nicht) möchtest:

Je ne veux pas de (quiche)!
Oh non, merci.

Diese Grammatik benötigst du dazu

2
Il achète **un kilo de** tomates.
Nicolas mange **beaucoup de** spaghettis.
Océane **ne** mange **pas de** légumes.

➜ **Mengenangaben mit** *de*

Nicolas a	**un sachet de**	bonbons.	Nicolas mange	**beaucoup de**	spaghettis.
Il achète	**un kilo de**	tomates.	Il y a	**un peu de**	fromage.
Océane cherche	**un pot de**	confiture.	Marie a	**trop de**	travail.
Elle achète	**un litre de**	lait.	Nicolas n'a	**pas d'**	idées.
J'achète	**une bouteille d'**	eau minérale.			

3
Je veux aller au supermarché.
Vous voulez un peu de fromage?

➜ **Das Verb** *vouloir*   ▶ **Les verbes, p. 126**

4
Océane est **contente**.
Ils ne sont pas **contents**.

➜ **Das Adjektiv**

Einzahl (Singular)

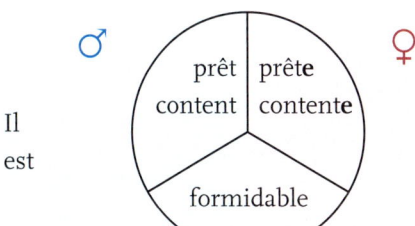

♂   prêt | prête
content | contente
formidable   ♀

Il est   Elle est

Mehrzahl (Plural)

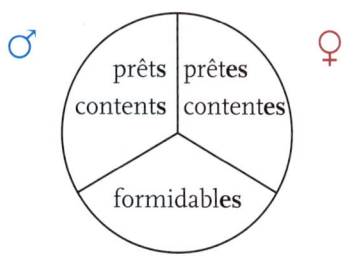

♂   prêts | prêtes
contents | contentes
formidables   ♀

Ils sont   Elles sont

1 Complète les phrases. | Vervollständige die Sätze. Es gibt mehrere Möglichkeiten. ▶ Repères, p. 83/2

Exemple:

1. Ils ont beaucoup de travail. / Ils ont trop de travail. ▶ p. 110

| beaucoup de/d' | trop de/d' | n'… pas de/d' | un peu de/d' |

| trois bouteilles de/d' | trois kilos de/d' | trois litres de/d' | trois sachets de/d' |

1. Ils ont **?** travail!   2. Il **?** a **?** argent.   3. Ils mangent **?** frites.

4. Dans le frigo, il y a **?** tomates.   5. Il achète **?** fromage.   6. Elle achète **?** eau minérale.

2 a Comment est-ce qu'on dit? | Ergänze die Sätze mit den Angaben in Klammern.

1. Dans le frigo, il y a (ein bisschen Käse, ein Liter Milch, eine Flasche Orangensaft, viele Äpfel und ein Kilo Tomaten).
2. Monsieur Moreau mange (zu viel Gemüse).
3. Nicolas veut acheter (einen Beutel Pommes frites).
4. Aujourd'hui, il ne veut (keine Spaghetti).

Weitere Übungen dazu
im Buch: S. 75/5+6
im Carnet: S. 50/5, S. 54/6

b Vergleicht eure Ergebnisse zu zweit. Dann kontrolliert anhand der Repères, S. 83/2.

3 **Wie du dir eine Merkhilfe anfertigen kannst**

Wenn du Schwierigkeiten hast, dir neue Vokabeln oder eine Grammatikregel zu merken, kannst du ein persönliches Lernplakat anfertigen. Neben Stichpunkten kannst du zum Beispiel Bilder malen oder Symbole verwenden.
Hänge das Lernplakat zu Hause an einer Stelle auf, die du oft anschaust. Das kannst du mit den Mengenangaben ausprobieren.
Bringt eure Lernplakate mit und stellt sie aus.

41–42 **4** Écoute et apprends la chanson par cœur. | Singe das Lied und lerne es auswendig.

Je veux, tu veux, il veut, elle veut,
quatorze tomates et beaucoup d'œufs,
nous voulons et vous voulez
beaucoup de frites et un poulet.
Ils veulent toujours manger!

 5 Schreibt die Formen des Verbs *vouloir* aus dem Kopf auf. Korrigiert euch gegenseitig.

6 Complète les phrases. | Ergänze die Sätze. Verwende die passenden Formen von *vouloir*.
▶ Les verbes, p. 126

1. Tu ? une orange?
2. Vous ? un peu de fromage?
3. Océane et Nicolas ne ? pas de quiche.
4. Nous ? acheter un poulet.
5. Madame Moreau ? manger une quiche aux légumes.
6. Je ne ? pas aller au supermarché maintenant.
7. Nicolas ? faire une salade.

> **Weitere Übungen dazu**
>
> im Buch: S. 79/3+4
> im Carnet: S. 54/5

 7 C'est un garçon ou une fille? | Diese französischen Namen werden gleich ausgesprochen. Hör zu und sage, ob es um einen Jungen oder ein Mädchen geht. Achte einfach darauf, wie die Adjektive ausgesprochen werden. ▶ Repères, p. 83/4

Dominique
Daniel
Michel
Pascal

Dominique
Danielle
Michèle
Pascale

8 Ils sont contents. | Bei Familie Moreau sind alle zufrieden. Ergänze die Sätze mit den richtigen Formen der Adjektive. ▶ Repères, p. 83/4

1. Madame Moreau est ? *(content)*: Le dîner est ? *(prêt)*.
2. Les enfants sont ? *(content)*: Leur idée est ? *(formidable)*.
3. Nicolas est ? *(content)*: Il n'y a pas de quiche aux légumes!
4. Océane aussi est ? *(content)*: Il y a des frites!
5. Nicolas: «Voilà les frites! Elles sont ? *(prêt)*.»
6. Madame Moreau et Océane sont ? *(content)*: Elles adorent le poulet ... et les frites!
7. Monsieur Moreau est ? *(content)*: «Nos enfants sont ? *(formidable)*.»  ▶ p. 110

9 a Écris trois phrases. | Schreibe drei Sätze auf, in denen du sagst, dass ...

1. ... du zufrieden bist. 2. ... du nicht fertig bist. 3. ... dein Freund / deine Freundin toll ist.

b Corrigez vos phrases. | Korrigiert euch gegenseitig. Achtet darauf, welche Adjektive verändert werden und wie sie verändert werden.

> **Weitere Übungen dazu**
>
> im Carnet: S. 55/8

Le petit-déjeuner[1]

C'est important pour bien commencer la journée!
Qu'est-ce qu'il y a sur la table et dans les bols[2]?

1 Au petit-déjeuner, je prends[3] des céréales[4] avec un peu de lait et une banane ou une pomme. Parfois[5], je mange aussi un yaourt avec un peu de confiture.

2 Moi, au petit-déjeuner, je prends un bol de muesli, un jus d'orange et un yaourt. Voilà!

Guillaume,
Lausanne (Suisse)

Rose,
Bruxelles (Belgique)

Pauline,
Toulouse (France)

Benoît,
Lyon (France)

Pour moi, le petit–déjeuner, c'est super important! Je prépare un bol de chocolat et deux tartines avec un peu de beurre et beaucoup de confiture. Miam, c'est bon!

3

J'adore le petit-déjeuner le dimanche parce que, dans ma famille, on mange toujours des croissants et on reste longtemps[6] à table. En semaine, le petit-déjeuner dure[7] cinq minutes et c'est fini[8]! Mais le dimanche, c'est super!

4

1   Qui prend quoi au petit-déjeuner? |
Wer isst was zum Frühstück? Ergänze die Tabelle.

Guillaume	Rose	Pauline	Benoît

1 le petit-déjeuner das Frühstück	**5** parfois manchmal
2 le bol die (Trink-)Schale	**6** longtemps lange
3 je prends *hier:* ich esse	**7** durer dauern
4 les céréales *f. pl.* die Cornflakes	**8** c'est fini es ist vorbei

2   Vergleicht euer Frühstück mit dem von Guillaume, Rose, Pauline und Benoît.

Au petit-déjeuner, je prends ___.
Comme (Rose), je prends ___ au petit-déjeuner.
Parfois, je mange aussi ___.

3

▶ p. 104

Tu es chez ton correspondant / ta correspondante en France. Vous mangez à la cantine.
Regardez le menu. | Partner B: Schlage S. 104 auf.
Partner A: Lies deine Rollenkarte und das Menü rechts. Bereite den Dialog vor. Du beginnst.

1. Du fragst **B** nach den Wörtern, die du auf dem Speiseplan nicht verstehst.
   (Je ne comprends pas ___.)
2. Du fragst **B**, was er/sie essen möchte.
3. Du antwortest **B** und sagst, dass du Durst hast und etwas Wasser trinken möchtest.

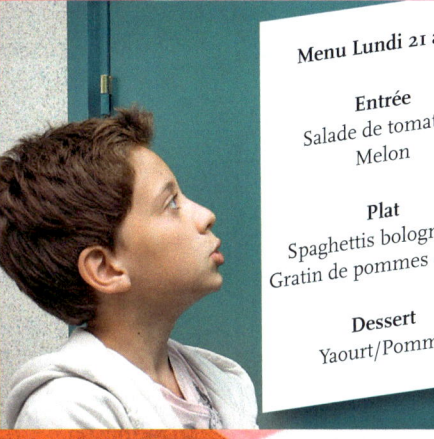

Menu Lundi 21 avril

Entrée
Salade de tomates/
Melon

Plat
Spaghettis bolognaise/
Gratin de pommes de terre

Dessert
Yaourt/Pomme

In Frankreich gibt es überall Schulkantinen. Dort wird ein dreigängiges Menü angeboten. Baguette und Wasser gibt es immer dazu.

4 a Regarde la carte. Qu'est-ce que tu comprends? |
Lies die Karte unten. Was verstehst du? Was versteht dein Partner / deine Partnerin?

b Moi, je prends … | Was wollt ihr essen? Tauscht euch aus.

Moi, je voudrais un sandwich au poulet et un coca. Et toi?

Moi, je prends ___.

Prix:

Sandwich (au choix: jambon, fromage, thon, poulet) . . . . . 2.45 €
Petite salade . . . . 4.00 €
Grande salade . . . . 6.50 €
Quiche/Pizza . . . . 3.30 €
Plat du jour . . . . 6.50 €
Boisson* . . . . 1.50 €

Formules:

Quiche ou pizza + dessert du jour + boisson* . . . . 5.30 €
Sandwich + petite salade + boisson* . . . . 7.00 €
Sandwich + boisson* . . . . . . 3.10 €

* boisson au choix 33 cl (eau minérale, coca, limonade, jus de pomme)

Hier kannst du die Vokabeln und die Grammatik wiederholen, die du in den Unités 3–4 gelernt hast.
Das Arbeitsblatt zu Révisions 2 findest du unter www.cornelsen.de/webcodes ATOI-1B-88

Vocabulaire | Wortschatz

1 a Fais le puzzle et trouve les mots. | Setze die Puzzleteile zu Wörtern zusammen. Schreibe sie mit dem
bestimmten Artikel (*le*, *la*, *l'*, *les*) in dein Heft.

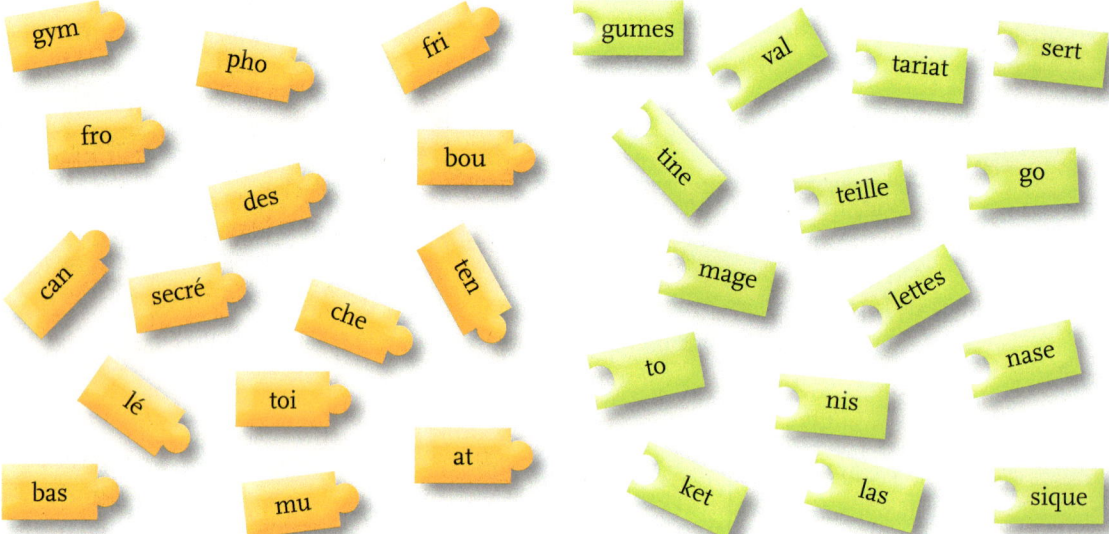

b Classe les mots. | Erstelle eine Tabelle. Ordne die Wörter von **a** den passenden Oberbegriffen zu.

les hobbys	*le collège*	*la cuisine*
le basket		

c Bilde mindestens sechs Sätze mit den Wörtern von **a**. Verwende so viele Wörter wie möglich.

Mon père adore le basket et mon frère ___.

2 Questions et réponses. | Finde zu jeder Frage die passende Antwort.

1. Il est quelle heure?
2. Tu passes chez moi?
3. Qu'est-ce que tu fais aujourd'hui?
4. J'ai faim!
5. Pourquoi est-ce que tu ne manges pas?
6. Qu'est-ce qu'on mange ce soir?
7. Ça fait combien?

A Parce que je n'ai pas faim.
B Tu peux manger une banane.
C Non, je n'ai pas le temps.
D Quinze euros.
E Je vais au roller parc.
F Je ne sais pas. Ma montre ne marche pas.
G On peut faire une quiche et une salade.

Grammaire | Grammatik

3 Complète. | Ergänze die Sätze mit den passenden Verbformen von *vouloir* und *pouvoir*.
▶ Les verbes, p. 126

– J'ai soif.
– Tu **?** *(vouloir)* un jus d'orange?

– Maman, nous **?** *(vouloir)* préparer le dîner.
– Ils **?** *(vouloir)* préparer le dîner?!

– Vous **?** *(pouvoir)* préparer une salade?
– Une salade, maman? Ah non! On ne **?**
  (pouvoir) pas faire des frites?

– Est-ce qu'on **?** *(pouvoir)* regarder la télé?
– Qu'est-ce que vous **?** *(vouloir)* regarder?
– Astérix et les Vikings.

4 Retrouve les phrases. | Stelle die Sätze wieder her. Schreibe sie in dein Heft.

1. cinéma je Ce soir au vais .
2. devoirs trop On de a !

3. super collège profs de Les notre sont .
4. là profs ne Aujourd'hui, sont nos pas .

5 Où est-ce qu'ils sont? | Formuliere die Sätze und verwende *être au/à la/à l'/aux*.
▶ Repères, p. 41/3

1. Océane est au cybercafé.

Océane

Nicolas

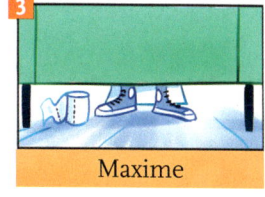

Maxime

Anissa

Marie

Laurine

Mehdi

Robin

Au café, on prend son temps!

Lire et comprendre | Lesen und verstehen

1 Ça fait combien? | Lies den Text, S. 90. Wer zahlt wie viel? Schau dir die Karte an und erstelle die Rechnungen für jeden Tisch.

1. Un jus de pomme et ___, ça fait ___ euros.

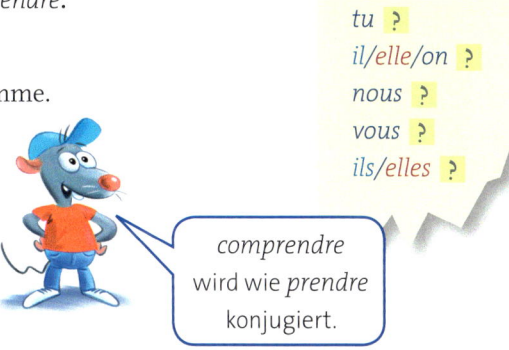

Boissons

Coca-cola	2,80 €	Café expresso	1,70 €
Orangina	3,30 €	Cappuccino	3,20 €
Jus de tomate	3 €	Café crème	2,70 €
Jus de pomme	3 €	Chocolat	3 €
Jus d'orange	3 €	Thé	2,50 €

S'entraîner | Trainieren

 59|2

2 a Trouve les formes du verbe *prendre*. | Finde die Formen von *prendre* im Text. Ergänze die Tabelle.

b Complète. | Ergänze die Sätze mit den Formen von *prendre*.

1. – Qu'est-ce que vous **?** ?
   – Je **?** un café, et ma fille, elle **?** un jus de pomme.
2. – Qu'est-ce que tu **?** ?
   – Je **?** un orangina.
   – Et les enfants?
   – Ils **?** un jus de pomme et un coca.
3. – Qu'est-ce que vous **?** ?
   – Nous **?** quatre fois le menu à 15 euros.

prendre
je **?**
tu **?**
il/elle/on **?**
nous **?**
vous **?**
ils/elles **?**

comprendre wird wie *prendre* konjugiert.

Écouter | Hören

 2 46

DELF

 59|3

3 Qu'est-ce qu'ils prennent? | Hör dir an, was die Gäste bestellen. Welches Bild passt zu welcher Bestellung?

1

2

3

4

À toi: Joue une scène au café

4 Toi et tes parents, vous êtes dans un café à Paris. | Spielt eine Szene. Ihr könnt dazu die Getränkekarte aus der Übung **1** verwenden. ▶ Méthodes, p. 116, 12

 ▶ p. 111

Vive Paris!

2 47

DVD
www.
cornelsen.de/
webcodes
ATOI-1B-92

LA PLACE DE LA BASTILLE

5 On va aller à un concert de Grégoire, place de la Bastille.

1 Pourquoi est-ce que tu fais ton sac?

3 Qu'est-ce que vous allez faire à Paris?

LE MUSÉE DU QUAI BRANLY

6 On va visiter le musée du quai Branly.

LA TOUR EIFFEL

7 On va danser sous la tour Eiffel!

Nach Unité 5 kannst du
– über deine Pläne und die Pläne
deiner Freunde sprechen.

2 Parce que je vais passer le week-end à Paris avec Marie! On va habiter chez sa sœur.

4 On va faire la fête! Demain, c'est la Fête de la musique! Youpi!

10 Je voudrais aussi faire du shopping aux Halles!

le Centre Georges-Pompidou

9 On va regarder un spectacle de hip-hop devant le Centre Georges-Pompidou.

8 On va chanter à Montmartre!

Montmartre

Répéter | Nachsprechen

1 Regarde les images, écoute et répète. | Schau dir die Bilder, S. 92–93, an und hör zu. Beim zweiten Hören lies die Texte in den Sprechblasen leise mit.

Lire et comprendre | Lesen und verstehen

2 Qu'est-ce que Marie et Laurine vont visiter à Paris? | Findet die Sehenswürdigkeiten, die Marie und Laurine besuchen wollen, auf dem Stadtplan von Paris (am Ende eures Buches) wieder.

3 Qu'est-ce que Laurine et Marie vont faire? | Hör zu und lies die Texte, S. 92–93, mit. Stelle die Aussagen richtig zusammen.

1. Elles vont passer	A la fête.
2. Elles vont faire	B sous la tour Eiffel.
3. Elles vont aller	C le musée du quai Branly.
4. Elles vont visiter	D à Montmartre.
5. Elles vont regarder	E un spectacle de hip-hop.
6. Elles vont chanter	F le week-end à Paris.
7. Elles vont danser	G à un concert de Grégoire.

DELF 4 a Où est-ce que Marie et Laurine vont aller? | Ordne den vier Konzerten in diesem Programm je eine Aussage von S. 92–93 zu.

1 L'âge des surprises
Genre: musique festive et danse
Lieu: tour Eiffel
Horaires: 14 h 00–16 h 00

2 Grégoire
Genre: pop
Lieu: place de la Bastille
Horaires: 17 h 00–19 h 30
Métro: Bastille

3 Il n'y a pas de mais
Genres: musique rock, 50 ans de chanson française
Lieu: place du Tertre, Montmartre
Horaires: 17 h 00–22 h 00
Métro: Abbesses

4 Mister X
Genre: hip-hop
Lieu: Centre Georges-Pompidou
Horaires: 13 h 00–16 h 00

b Die beiden Mädchen haben viel vor. Plant ihren Tag so, dass sie zu allen Konzerten gehen können.

Exemple: À 13 heures, elles vont regarder un spectacle de hip-hop devant ___. À ___.

Überall in Frankreich findet die *Fête de la musique* statt. Auf Straßen und Plätzen treten Musiker auf. Finde heraus, wann sie jedes Jahr stattfindet.

Découvrir | Entdecken

🔊 61|4   **5** a   Laurine hat viele Pläne für das Wochenende. Wie drückt sie das aus?

Je **vais passer** le week-end à Paris. On **va faire** la fête.

b   Finde weitere Formen des *futur composé* im Text, S. 92–93. Trage sie in eine Tabelle ein.

c   Ergänze die fehlenden Formen in der Tabelle. Beschreibe, wie du sie gebildet hast.

je	vais	passer
tu		
il/elle/on		
nous		

Wiederhole die Formen von *aller*, S. 41!

S'entraîner | Trainieren

🔊 62|5
62|6   **6**   Un week-end dans la famille Fournier. Qu'est-ce qu'ils ne vont pas faire? Qu'est-ce qu'ils vont faire?
▶ Repères, p. 98/2

Exemple:
1.   Ils ne vont pas ranger l'appartement. Ils vont regarder la télé.

Ils / ~~ranger l'appartement~~
regarder la télé

Il / ~~travailler~~
inviter des copains

Il / ~~aller au roller parc~~
chatter avec ses copains

Ils / ~~faire leurs devoirs~~
regarder une bédé

Elle / ~~faire son lit~~
dessiner des mangas

Ils / ~~faire la cuisine~~
faire du shopping

   7   À toi! ? Qu'est-ce que tu ne vas pas faire ce week-end? Qu'est-ce que tu vas faire? Raconte.

Exemple: Je ne vais pas regarder la télé. Je vais aller au cinéma.   ▶ p. 111

À toi! Fais le programme d'un week-end à Paris

8 a Qu'est-ce que vous allez faire à Paris? | Deine Familie hat ein Wochenende in Paris gewonnen.
Was werdet ihr unternehmen? Stelle ein Programm zusammen und lege eine Reihenfolge fest.
▶ Banque de mots, p. 150 ▶ Civilisation, p. 123

manger un sandwich près de la Seine

aller au jardin du Luxembourg

visiter la Basilique du Sacré-Cœur de Montmartre

faire du shopping aux Galeries Lafayette

visiter la Géode

manger une glace chez Berthillon

Fiche d'écriture pour ton programme

Was soll die Überschrift deines Textes sein?

– Paris, on arrive!
– Nous allons à Paris!
– Notre week-end à Paris!

Wie beginnst du deinen Text?
Die Einleitung

– On va passer le week-end à Paris. C'est super!
– On va aller à Paris. Là, on va passer le week-end.
– Mes parents et moi, nous allons visiter Paris ensemble.

Was schreibst du über dein Programm?
Der Hauptteil

– Nous allons habiter dans un hôtel. / chez des amis.
– À Paris, nous allons visiter ___ / faire ___.

Wie wird aus den einzelnen Sätzen ein Text?
Verbinde deine Sätze.

– **D'abord**, nous allons ___.
– **Après**, on va visiter ___.
– On va aller à ___, **mais** on ne va pas ___.
– **Là**, on va manger ___.

Was schreibst du am Ende?
Der Schluss

– Voilà! Ça va être un week-end formidable!
– On va passer un week-end formidable!
– Paris, c'est cher, mais c'est super!

b Überprüfe deinen Text mit Hilfe der Fehlerliste.
▶ Méthodes, p. 120, 16

c Stellt euch eure Programme gegenseitig vor.
Wer hat das interessanteste?

Überprüfe, ob du das jetzt kannst:
– Frage deinen Freund / deine Freundin, was er/sie am Sonntag vorhat.
– Sage, was du am Sonntag vorhast.

Une semaine à Paris

Lire et comprendre | Lesen und verstehen

1 Une semaine chez Flora. | Maries Großmutter hat eine Woche in Paris verbracht. Sie hat viel erlebt. Schau dir die Tickets und Karten oben an und beantworte die folgenden Fragen:

1. Wie heißt Maries Großmutter und woher kommt sie?
2. Wann ist sie nach Paris gefahren?
3. Welche Klasse ist sie gefahren?
4. Was hat sie am Dienstagabend gemacht?
5. Wo hat sie am Dienstagabend gesessen?
6. Was hat sie am Donnerstag gemacht?
7. Wie viel kostete die Eintrittskarte?
8. Am Freitagvormittag hat sie eine Bootstour auf dem Canal Saint-Martin gemacht. Wie viel hat sie bezahlt? Wie lange hat die Fahrt gedauert?

Das kannst du jetzt sagen

1 **So fragst du jemanden, was er vorhat:**

Qu'est-ce que tu vas faire (ce soir)?
Qu'est-ce que vous allez faire (à Paris)?

So sagst du, was du vorhast:

Je vais passer (le week-end à Paris).
On va faire (la fête). / Ils vont visiter (le musée du quai Branly).

Diese Grammatik benötigst du dazu

2

Je **vais aller** à Paris.
Tu **vas faire** du shopping?
Il **va chanter** à Montmartre.

    Das *futur composé*

Je	**vais**	**aller**	à Paris.
Tu	**vas**	**regarder**	la télé.
Il/Elle/On	**va**	**danser**	ce soir.
Nous	**allons**	**chanter**	ensemble.
Qu'est-ce que vous	**allez**	**faire**	à Paris?
Ils/Elles	**vont**	**faire**	la fête.

Schau dir die folgenden Sätze an. Wo stehen die Verneinungswörter *ne … pas* **beim** *futur composé*?
▶ Solutions, p. 174

Je **ne** vais **pas** aller à Paris.
Ils **ne** vont **pas** faire la fête.

Je ne vais pas aller à Paris.

Exercices supplémentaires

1 a **Mets les verbes au** *futur composé*. | **Setze die Verben ins** *futur composé*.

1. Les filles (habiter) chez Flora.
2. Laurine (aller) à Paris.
3. Nous (n'aller pas) à Paris.
4. Je (visiter) le musée du Louvre.
5. Tu (faire) du shopping?
6. Qu'est-ce que vous (faire)?

b **Qu'est-ce qu'ils vont faire ce week-end?** | **Schreibe die französischen Sätze in dein Heft.**

1. Max und Tom: nach Berlin fahren und bei ihrer Tante wohnen.
2. Nicolas: kochen und nicht zu seiner Oma fahren.
3. Khaled: fernsehen und nicht sein Zimmer aufräumen.

c **Vergleicht eure Ergebnisse zu zweit.**

Weitere Übungen dazu
im Buch: S. 95/5+6+7
im Carnet: S. 61/4, S. 62/5+6

Grégoire
«Toi plus moi»

disque de diamant
(plus de 750 000 albums vendus)

Toi + moi
Oh toi plus moi, plus tous ceux qui le veulent
Plus lui plus elle et tous ceux qui sont seuls
Allez venez et entrez dans la danse
Allez venez, c'est notre jour de chance

gregoire
toi + moi

Nom d'artiste: **Grégoire**
Nom de famille: **Boissenot**
Domicile: **Paris**
Anniversaire: **3 avril**
Signe du zodiaque: **bélier**
Musique préférée: **The Beatles,
Jacques Brel, Bruce Springsteen,
Elton John, Léo Ferré**
Couleur préférée: le **bleu**
Endroit préféré: **la mer**
Animal préféré: **le loup**

1 Marie und Laurine sind Fans von Grégoire. Lest euch die Informationen
zu ihrem Lieblingssänger durch. Was könnt ihr alles verstehen?
Berichtet einem Freund, was ihr über Grégoire wisst.

Legt vorher Kriterien für
die Bewertung fest.

2 Hört euch das Lied „Toi plus moi" an. Denkt euch eine kleine Choreographie zu
dem Lied aus und präsentiert sie vor der Klasse. Veranstaltet einen Wettbewerb.

2
49

🎧 2/50 # Une carte postale

Paris, le 21 juin

Chère Mamie, je suis à Paris avec papa et maman et mon copain Luc. On habite chez Jean, un ami de papa. Et aujourd'hui, c'est la Fête de la musique! C'est super! On fait plein de trucs: on visite la ville, on écoute des concerts, on danse ... Et il fait super beau! Hier, on a fait un tour en bateau-mouche. C'était génial. J'adore Paris. Jean a de la chance! Moi aussi, je voudrais habiter ici ...
Je t'embrasse
Marc

Madame Verdier
31, rue de la République
63 000 Clermont-Ferrand
France

▶ 66|1 **1** **Lis la carte postale.** | **Lies die Postkarte und beantworte die folgenden Fragen.**

1. Wer schreibt und an wen?
2. Wo ist er/sie gerade und mit wem?
3. Wo wohnen sie?
4. Was machen sie?

5. Wann ist die Fête de la musique?
6. Was haben sie gestern gemacht?
7. Wie war es?

2 **Lis la carte encore une fois et réponds.** | **Lies die Karte noch einmal und beantworte folgende Fragen:**

1. Wie lautet die Begrüßung am Anfang?
2. Wie verabschiedet er/sie sich?

3. Wo und wie gibt er/sie das Datum an?
4. Wie gibt er/sie die Adresse an?

▶ 66|2 **3** **Complète les lancunes.** | **Es hat geregnet und auf dieser Postkarte sind Wörter verwischt. Schreibe den vollständigen Text in dein Heft.**

Marseille, le 21 ju ~~
~~ Marie, je ~~ à Marseille avec mon
~~ Robin. On habite ~~ sa mère. C'~~
super! On fait ~~ : on écoute de
la musique, on est à la plage*, on ~~ la ville ...
Et il fait super ~~! Hier, on ~~ un tour en
bateau. C'~~ génial. J'~~ Marseille. Moi
aussi, je voudrais habiter ~~ ...
Je t'~~
Nicolas

Marie Guillaume
8, avenue Georges Pompidou
92300 Levallois-Perret
France

* **la plage** der Strand

4 Écris une carte postale à un ami français / à une amie française. | Du bist in den Ferien in Berlin.
Schreibe eine Postkarte an deine/n französische/n Austauschpartner/in.

Fiche d'écriture pour ta carte postale

La date Berlin, le (14 juillet) / ___.

Le début de la carte

Chère (Laura),

Cher (Bruno),

Denk dir eine Adresse in Frankreich aus.

Ton texte

Tu es où? Avec qui?

Je suis		mes parents.
Nous sommes	à (Berlin) avec	mon oncle / ma tante.
On est		mes cousins / cousines.
		mes copains / copines (Namen).
		mes grands-parents.

Quel temps est-ce qu'il fait?

Il fait	(super) beau / (pas très) beau / chaud / froid / soleil.
Il ne fait	

Il pleut.

Qu'est-ce que tu fais / vous faites?

Je	visite la ville /	fais / fait du shopping.
On	le centre-ville /	fais / fait un tour en bus / en bateau.
	des musées.	

Qu'est-ce que tu as fait / vous avez fait hier?

			un tour en bateau. / du shopping au centre commercial KaDeWe / ALEXA.
Hier	j'ai	fait	la tour de la télévision / le parlement /
	on a	visité	la porte de Brandebourg /
		acheté	la Potsdamer Platz.
		mangé	des cartes postales / des souvenirs / ___.
			une «Currywurst».

C'était	super / beau / pas mal / (pas) drôle / trop bon / (pas) bon / sympa / (pas) génial.
Ce n'était	

La fin de la carte

Donne le bonjour à tes parents.

Amicalement

Bisous

À bientôt!

Unité 1

Seite 13

9 **a** Frage Partner A, wann diese Jugendlichen Geburtstag haben und wann sie ihre Party machen.

| **1** Maxime | **2** Laurine | **3** Marie | **4** Nicolas |

B: L'anniversaire de Maxime, c'est quand?
A: C'est le 29 avril.
B: Est-ce qu'il organise une fête?
A: Oui.
B: Super! Et c'est quand?
A: C'est mercredi.

b Beantworte nun die Fragen von Partner A.

5 Robin
30 juin
mar.

6 Thomas
1er août
sam.

7 Océane
27 février
ven.

8 Mehdi
5 janvier
lun.

Unité 2

Seite 39

10 **a** Donnez-vous rendez-vous. | Verabredet euch.
Du bist Partner B. Lies dir deine Rollenkarte durch und bereite den Dialog vor. Benutze die Wendungen aus der Übung 9.

b Setzt euch Rücken an Rücken und spielt das Telefongespräch.

> • Partenaire B • Partenaire B
>
> Dein Telefon klingelt. A ruft dich an und will sich mit dir verabreden.
> **B:** Du gehst ans Telefon und meldest dich.
>   (A: Allô, c'est ____. Qu'est-ce que tu fais?)
> **B:** Du sagst, dass du fernsiehst.
>   (A: On va au cybercafé?)
> **B:** Du sagst, dass das super ist, und fragst, um wie viel Uhr.
>   (A: À trois heures.)
> **B**: Du sagst, dass du einverstanden bist, und fragst, ob er/sie bei dir vorbeikommt.
>   (A: D'accord! À plus!)
> **B**: Verabschiede dich von A.

Seite 46

1 Trouvez au moins cinq différences. | Findet mindestens fünf Unterschiede. Partner A sagt, was es in seinem/ihrem Klassenraum gibt. Du antwortest und sagst, was es in deinem Klassenraum (Bild nächste Seite) gibt. Anschließend fängst du an.

A Dans ma salle de classe, il y a trois livres sur l'étagère. Et dans ta salle de classe?

| à côté de | à droite/gauche de | dans |
| derrière | devant | sous | sur |

B (=) Dans ma salle de classe aussi.

B (≠) Non, dans ma salle de classe, il y a deux DVD sur l'étagère.

Unité 3

Seite 54

6 Tu as l'heure? | Wie spät ist es? Fragt euch abwechselnd nach der Uhrzeit. Schreibt euch die Zeiten auf, die euer Partner / eurer Partnerin nennt. Partner A beginnt.

Exemple:
A: Tu as l'heure? / Il est quelle heure?
B: (Oui.) Il est huit heures et demie.

Seite 60

6 a On va au CDI? | Partner A macht dir Vorschläge. Du lehnst ab und sagst, warum du nicht kannst.

Exemple:
A: On va au CDI, mardi?
B: Non, je ne peux pas.
A: Pourquoi est-ce que tu ne peux pas?
B: Parce que le mardi, j'ai toujours mon cours de tennis.

1. le mardi = avoir toujours mon cours de tennis
2. le jeudi = aller toujours au stade
3. le vendredi = aller toujours chez mon copain / ma copine
4. le dimanche = manger toujours chez ma cousine

b Nun machst du Partner A Vorschläge. Er/Sie antwortet.

Exemple:
B: On prépare l'interro ensemble, lundi?
A: ___.

5. préparer l'interro ensemble, lundi?
6. aller à la cantine ensemble, mercredi?
7. passer par la boulangerie, jeudi, après l'école?
8. aller au cinéma, samedi à 18 heures?

Unité 4

Seite 75

9 a Partner B: Sage Partner A, was auf deinem Bild zu sehen ist. Hör dann zu, was Partner A über sein/ihr Bild sagt.

Exemple:

B: Sur ma table, il y a cinq bananes.　　**A:** Sur ma table, il y a trois bananes.

Seite 80

6 a Partner A sagt dir, was du einkaufen sollst. Hör zu und schreibe einen Einkaufszettel.

b Sage Partner A, was er einkaufen soll.

Exemple:

A: Tu peux acheter <mark>un kilo de bananes</mark>, s'il te plaît?

c Kontrolliert eure Einkaufszettel gegenseitig.

> *bananes: 1 kg*
> *yaourts: 4*
> *bonbons: 1 sachet*
> *fromage: un peu*
> *eau minérale: 1 bouteille*

Seite 87

3 Tu es chez ton correspondant / ta correspondante en France. Vous mangez à la cantine. Regardez le menu. | Partner B: Lies deine Rollenkarte und das Menü. Bereite den Dialog vor. Partner A beginnt.

1. Du erklärst die Wörter, die **A** nicht versteht. *(En allemand, c'est ____.)*
2. Du antwortest **A** und fragst, was **A** essen möchte.
3. Sage, dass es auch eine Flasche Orangensaft gibt. Frage **A**, ob er/sie ein wenig Orangensaft möchte.

B

Menu Lundi 21 avril	
Entrée	Salade de tomates/Melon
	Tomatensalat/Honigmelone
Plat	Spaghettis bolognaise/
	Gratin de pommes de terre
	Spaghetti bolognese/Kartoffelauflauf
Dessert	Yaourt/Pomme
	Joghurt/Apfel

Unité 1

Seite 18

6 Qu'est-ce qu'ils ne font pas? Qu'est-ce qu'ils font? | Schreibe in dein Heft, was die Jugendlichen nicht tun und was sie tun. ▶ Repères, p. 21/3

Exemple: Océane ne travaille pas, elle rêve.

1	2	3	4	5	6
~~travailler~~	~~ranger~~	~~manger~~	~~rêver~~	~~danser~~	~~ranger le salon~~

Seite 19

10 Spielt zu zweit „Kofferpacken". Nennt abwechselnd die Geschenke mit dem Preis. Rechnet mit. Wer über 30 Euro kommt, hat verloren.

Exemple:

A: Pour mon anniversaire, je voudrais le CD à 10 €*.

B: Pour mon anniversaire, je voudrais le CD à 10 € et le poster à 5 €.

*un euro [ɛ̃nøʀo] ein Euro

le CD — le DVD — le livre — le manga — le poster — le lecteur mp3 — le chat — la bédé — le sac — le miroir

Unité 2

Seite 32

4 a Écoute les interviews. | Hör dir die Interviews an. Wer hat welche Hobbys? Ordne zu.

1 Rémi	2 Manon	3 Noémie	4 Véra	5 Karim	6 Tom

A la photo   **B** le sport   **C** regarder la télé   **D** la musique

E les ordinateurs   **F** le cheval   **G** faire la cuisine   **H** dessiner des mangas

Seite 33

 7 Réponds au mail de Maxime Garnier. |
Du suchst einen Brieffreund. Antworte Maxime.
Schreibe über dich, deine Familie und deine Hobbys.
Was magst du? Was machst du gern?
Was nicht? Stelle ihm auch Fragen.

Je m'appelle ___. Je parle ___.
J'ai ___ ans. J'adore ___.
Je suis en ___. Je n'aime pas ___.
J'habite à ___. Mon hobby, c'est ___.
J'ai ___ frère(s)/sœur(s).
Mon animal, c'est un/une ___.
___

Seite 37

 1 a Complète. | Lies den Text, S. 36, und vervollständige die Sätze.

1. Robin est …
2. Il prépare …
3. Son portable …
4. C'est …

5. Robin ne va pas …
6. Robin et Nicolas vont …
7. Là, ils surfent …
8. Ils regardent …

Seite 38

5 Tu vas au stade? | Spielt zu zweit. A wählt einen
Ort aus und behält ihn für sich. B errät ihn.
Wechselt euch ab.

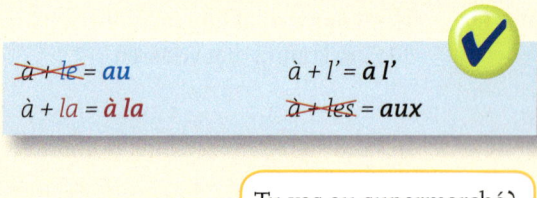

à + le = au   à + l' = à l'
à + la = à la   à + les = aux

le cinéma	les toilettes
la boulangerie	le roller parc
la librairie	les Deux-Alpes
le cybercafé	le stade
le club de foot	l'école
l'hôtel	le supermarché
la cuisine	la médiathèque

Tu vas au supermarché?

Non.

Au cinéma.

Seite 42

 5 C'est quoi, ton numéro? Écoute. | Anissa hat ihr Handy verloren. Sie speichert die Nummern
ihrer Freunde in ihr neues Handy. Hör zu und achte dabei nur auf Namen und Telefonnummern.
Ordne die Telefonnummern den Personen zu.

Robin	Marie	Maxime

01.76.67.14.41   06.43.27.93.74   06.22.97.84.13

Unité 3

Seite 55

  9 Décris la journée d'Anissa. | Wo ist Anissa um sieben Uhr? Wohin geht sie dann? Beschreibe ihren Tagesablauf.

Exemple:
1. Il est sept heures. Anissa est au lit.
2. Il est huit heures moins le quart. Anissa va au collège.

Seite 57

 4 Quand est-ce que tu as maths? | Laurine und Maxime tauschen sich über ihren Stundenplan aus. Verteilt die Rollen und fragt euch gegenseitig. ▶ p. 56

> Quand est-ce que tu as allemand?

> J'ai allemand le lundi à trois heures moins cinq et le jeudi à ___.

à trois heures moins cinq   à quatre heures cinq

à huit heures et quart   à neuf heures dix   à deux heures

à onze heures vingt-cinq   à dix heures et demie

	LUNDI	MARDI	MERCREDI	JEUDI	VENDREDI
8 h 15 à 9 h 10	SVT (Mme Murat)	Français	Allemand (M. Lenoir)		Français
9 h 10 à 10 h 05	Arts Plastiques (M. Pont)	(Mme Forestier)	SVT (Mme Murat)	Allemand (M. Lenoir)	(Mme Forestier)
10 h 30 à 11 h 25	Français	Histoire-géo	Anglais (Mme Taylor)	Permanence	Maths
11 h 25 à 12 h 20	(Mme Forestier)	(M. Legrand)	Techno (M. Miroir)	Histoire-géo (M. Legrand)	(M. Robert)
			Cantine		
14 h 00 à 14 h 55	EPS	Allemand (M. Lenoir)		EPS	Physique (Mme Cousin)
14 h 55 à 15 h 50	(M. Parc)	Musique (M. Pont)		(M. Parc)	Histoire-géo (M. Legrand)
16 h 05 à 17 h 00		Anglais (Mme Taylor)		Maths (M. Robert)	

	LUNDI	MARDI	MERCREDI	JEUDI	VENDREDI
8 h 15 à 9 h 10	Maths		Musique (Mme Taylor)		SVT
9 h 10 à 10 h 05	(M. Robert)	Allemand (Mme Meier)	Permanence	Techno (M. Miroir)	(Mme Murat)
10 h 30 à 11 h 25	Anglais	Permanence	Physique (Mme Cousin)	Histoire-géo	Permanence
11 h 25 à 12 h 20	(Mme Taylor)	Histoire-géo (M. Legrand)	EPS (M. Parc)	(M. Legrand)	Français (Mme Forestier)
			Cantine		
14 h 00 à 14 h 55	SVT (Mme Murat)	EPS		Allemand (Mme Meier)	Anglais
14 h 55 à 15 h 50	Allemand (Mme Meier)	(M. Parc)		Français (Mme Forestier)	(Mme Taylor)
16 h 05 à 17 h 00	Français (Mme Forestier)	Maths (M. Robert)		Arts Plastiques (M. Pont)	Maths (M. Robert)

Seite 61

8 a Tarik présente sa journée au collège. | Tarik stellt seinen Tagesablauf in der Schule vor. Hör zu und ordne die Bilder in der richtigen Reihenfolge.

1

Nous mangeons à la cantine. Le mercredi, il y a toujours des spaghettis.

2

Là, nous sommes dans la cour.

3

Nous avons sport. Notre prof s'appelle Monsieur Legrand.

4

Nous sommes dans notre salle de classe. Nous avons français avec Monsieur Azéma.

b Hör noch einmal zu und achte auf die Uhrzeiten. Schreibe sie mit der Nummer des passenden Fotos in dein Heft.

Seite 71

4 À vous. Apprenez cette scène par cœur et jouez-la. | Spielt diese Unterrichtsszene.

1. Verteilt die Rollen: Lehrer/in, Max(ie), Julia(n), Robert(a).
2. Lernt euren Text auswendig.
3. Übt die Szene gemeinsam. Welche Gegenstände braucht ihr?
4. Spielt sie in der Klasse vor.

(Lehrer/in betritt die Klasse. Die Schüler stehen auf).
Prof: Bonjour les élèves.
Élèves: Bonjour, monsieur / madame Dupont!
  (Schüler setzen sich. Julia(n) niest).

Prof: Tom n'est pas là, Robert(a)?
Robert(a): Je ne sais pas, monsieur/madame.
  (Robert(a) niest).
Max(ie): Tom? Il est malade.

Prof: Ah bon. Qu'est-ce qu'il a?

Max(ie): Je ne sais pas. *(Max(ie) niest).*

Prof: Bon… Alors, aujourd'hui nous allons travailler en groupe. Julia(n) viens au tableau, s'il te plaît. Tu peux écrire le sujet: «Le collège Jean Jaurès» au tableau.

Julia(n): Monsieur/Madame, comment est-ce qu'on écrit «Jean Jaurès», s'il vous plaît?

Prof: Robert(a) tu peux épeler, s'il te plaît?

Robert(a): J-E-A-N- *(Robert(a) niest).* J-A-U-R-E accent grave-S. *(Julia(n) schreibt an die Tafel und niest laut. Dann setzt er/sie sich wieder auf seinen Platz).*

Prof: Merci.

Max(ie): Monsieur/Madame, je peux fermer la fenêtre, s'il vous plaît? J'ai froid.

Prof: Oui, bien sûr. Tu es malade?

(Max(ie), Robert(a), Julia(n) niesen alle auf einmal).

Prof: Mais vous êtes malades! *(Lehrer/in niest plötzlich auch dreimal).* Et moi aussi!

Unité 4

Seite 75

8 Écoute le dialogue. Laurine et Maxime ont faim. Qu'est-ce qu'il y a dans le frigo? Et sur la table? | Hör zu und mache Notizen in dein Heft.

sur la table	dans le frigo

Seite 79

1 b Est-ce que Madame Moreau est contente? Pourquoi? Pourquoi pas? Réponds. | Ist Madame Moreau zufrieden? Warum? Warum nicht? Antworte. Wähle einen oder mehrere Gründe aus.

☺ Madame Moreau est contente
– parce qu'elle aime le poulet et les frites.
– parce que ce soir, elle mange chez des amis.
– parce que ses enfants sont formidables.
– parce que le dîner est prêt et elle a faim.
– parce qu'il y a un gâteau au chocolat.

☹ Madame Moreau n'est pas contente
– parce qu'il n'y a pas de quiche aux légumes.
– parce qu'elle n'aime pas les spaghettis bolognaise.
– parce que les enfants ne mangent pas assez de légumes.
– parce qu'un poulet, c'est cher.
– parce que le dîner n'est pas prêt.

Seite 81

9 a Qu'est-ce qu'ils achètent? | Was kaufen sie? Übertrage die Tabelle in dein Heft. Hör dir die Gespräche an und vervollständige die Tabelle.

	Monsieur Fournier	Madame Moreau	Marie	Nicolas
il/elle achète				

b Ça fait combien? | Wie viel kostet das? Hör dir die Gespräche noch einmal an und notiere die Preise.

Seite 84

 1 Trouve une phrase pour chaque dessin. | Finde zu jedem Bild einen Satz. Es gibt mehrere Möglichkeiten.
▶ Repères, p. 83/2

Exemple:

1. Ils ont beaucoup de travail. / Ils ont trop de travail.

| beaucoup de/d' | trop de/d' | n' ... pas de/d' | un peu de/d' |

| trois bouteilles de/d' | trois kilos de/d' | trois litres de/d' | trois sachets de/d' |

1 travail

2 argent

3 frites

4 tomates

5 fromage

6 eau minérale

Seite 85

 8 Ils sont contents. | Bei Familie Moreau sind alle zufrieden. Ergänze die Sätze mit den richtigen Formen der Adjektive. ▶ Repères, p. 83/4

1. Madame Moreau est **?** *(content/contente):* Le dîner est **?** *(prêt/prête).*
2. Les enfants sont **?** *(content/contents):* Leur idée est **?** *(formidable/formidables).*
3. Nicolas est **?** *(content/contents):* Il n'y a pas de quiche aux légumes!
4. Océane aussi est **?** *(contente/contentes):* Il y a des frites!
5. Nicolas: «Voilà les frites! Elles sont **?** *(prêts/prêtes).*»
6. Madame Moreau et Océane sont **?** *(contents/contentes):* Elles adorent le poulet ... et les frites!
7. Monsieur Moreau est **?** *(content/contente):* «Nos enfants sont **?** *(formidable/formidables).*»

Module D

 4 Seite 91

Toi et tes parents, vous êtes dans un café à Paris. |
Spielt eine Szene. Ihr könnt dazu die Getränkekarte
aus der Übung 1, S. 91 verwenden.

▶ Méthodes, p. 116, 12

> Qu'est-ce que tu prends?
> Qu'est-ce que vous prenez, ___?
> Moi, je prends ___.
> Nous prenons ___.
> Je voudrais ___.
> Et toi?
> (Un coca), s'il vous plaît.
> Et comme boissons?
> Qu'est-ce qu'il/elle prend?
> Je ne comprends pas.
> Merci.
> Tout de suite, madame/monsieur.

Unité 5

Seite 95

7 À toi! Qu'est-ce que tu ne vas pas faire ce week-end? Qu'est-ce que tu vas faire? Raconte.

Exemple: Je ne vais pas regarder la télé. Je vais aller au cinéma.

> ✔
> aller au cinéma   organiser une fête
> danser   visiter un musée
> regarder une BD   écouter un CD
> faire un gâteau   aller au roller parc
>   ___

> ✘
> regarder la télé   ranger ma chambre
> travailler   préparer un exposé
> faire du shopping   faire la cuisine
> faire mes devoirs   faire mon lit
> chatter avec mes copains ___

Le vocabulaire | Der Wortschatz

Lerne jeden Tag zehn Minuten lang Vokabeln. Du kennst dafür mehrere Methoden.
Wähle diejenigen aus, die dir am besten helfen.

1 Apprendre avec la liste des mots | Mit der Wortliste lernen

Du findest in deinem *Carnet d'activités* 1A, S. 78, eine
Schablone, mit der du die Wörter in der *Liste des mots*
lernen kannst. Die Beispielsätze in der dritten Spalte
zeigen dir, wie die Wörter verwendet werden.

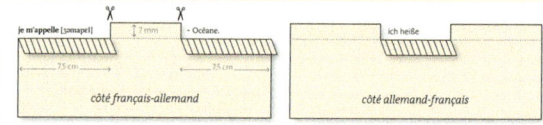

2 Apprendre avec des fiches de vocabulaire | Mit Karteikarten lernen

Zuerst liest du das französische Wort laut und sagst die
deutsche Bedeutung dazu. Dann kontrollierst du deine
Lösung. Im nächsten Durchgang liest du die deutsche
Bedeutung, sagst das französische Wort und kontrollierst
dich wieder.

3 Trouver des paires de mots | Wortpaare bilden

Lerne Wörter paarweise. Du suchst zu neuen Wörtern ein
„Partner-Wort", das dazu passt, z. B. das Gegenteil oder ein
Wort der gleichen Wortfamilie.

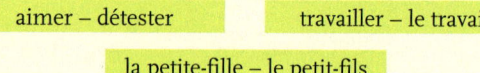

4 Dessiner des mots-images | Mit Bildern lernen

Zeichnest du gerne?
Dann zeichne zu den Wörtern, die du lernen willst, kleine
Bilder, die zur Bedeutung der Wörter passen.

5 Apprendre avec des mémos | Mit Merkzetteln lernen

Bringe Klebezettel mit Wörtern, die du dir merken willst,
gut sichtbar in deinem Zimmer oder in eurer Wohnung an.

6 Faire un associogramme | Wörter in einer Mindmap ordnen

Wörter, die zu einem Thema gehören, kannst du in einer
Mindmap anordnen. Schreibe das Thema (z. B. *les hobbys*)
in die Mitte deines Blattes. Trage die Oberbegriffe (z. B. *le
sport*) und Unterbegriffe (z. B. *surfer*) in die Mindmap ein.
Du kannst die Mindmap mit allen Wörtern erweitern, die dir
zu diesem Thema einfallen.

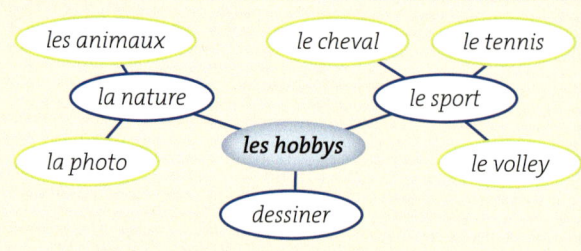

7 Inventer des exercices | Übungen erfinden

Wenn du dir Übungen für andere ausdenkst, übst du dabei auch selbst. Hier einige Möglichkeiten:

1. Wortgitter

In einem Wortgitter versteckst du Vokabeln. Deine Mitschüler/innen finden sie leichter, wenn die Wörter inhaltlich zueinander passen und du die Anzahl der versteckten Wörter vorgibst. In diesem Beispiel findest du vier Wörter zum Thema „Haustiere".

X	V	A	C	J	I	E	P	P	E
A	I	C	H	E	R	C	O	E	F
P	Q	H	E	I	A	H	M	R	R
M	Z	A	N	I	M	A	L	R	O
H	G	T	A	G	C	X	V	U	B
P	E	I	A	N	M	T	O	C	Q
U	C	H	I	E	N	E	L	H	O
R	S	T	A	B	D	P	O	E	N
B	G	I	O	C	H	R	I	F	T
S	T	A	M	O	N	G	T	E	R

Probiere es gleich aus:

Verstecke die Wochentage (*Unité 1*) in einem Wortgitter und lasse deinen Lernpartner / deine Lernpartnerin die Vokabeln finden.

2. Kreuzworträtsel

Kreuzworträtsel sind etwas aufwendiger. Beispiele findest du in deinem Carnet, z. B. auf S. 36.

So gehst du vor:

1. Schreibe die Wörter auf, die du abfragen willst, z. B.: *dessiner – nature – chanter – musique – ranger*.
2. Ordne diese Wörter in einem Kreuzworträtsel an.
3. Nummeriere deine Einträge.
4. Überlege, wie du nach diesen Wörtern fragen kannst. Hier zwei Vorschläge:
   – Du gibst das deutsche Wort an.

   1. zeichnen

   – Du bildest einen Satz, in dem das Wort vorkommt, lässt das Wort aber weg.
   Tipp: Beispielsätze findest du auch in der *Liste des mots*, p. 128, in der rechten Spalte.

   1. Tu aimes ~ des mangas?

5. Tauscht eure Rätsel aus und löst sie jede/r für sich. Kontrolliert die Lösungen gegenseitig anhand eurer Vorlagen.

Das ist deine Vorlage:

Probiere es gleich aus:

1 Formuliere Sätze (= Schritt 4) für die Wörter 2–5 des Kreuzworträtsels oben.
Kontrolliere die Sätze noch einmal. ▶ **Nach dem Schreiben, S. 120**

2 Erstelle für deinen Lernpartner / deine Lernpartnerin ein Kreuzworträtsel zum Thema *le collège* (*Unité 3*).

Écouter | Hören

8 Avant l'écoute | Vor dem Hören (Unité 2)

1. Die Aufgabenstellung lesen und verstehen

1. Zuerst liest du dir die Aufgabenstellung genau durch und stellst dich auf die beschriebene Situation ein. Du erfährst z. B., ob du ein Gespräch am Telefon, auf dem Markt oder in der Schule hören wirst. Neben einigen Aufgaben stehen Bilder. Sie liefern dir wichtige Informationen.
2. Oft musst du aus einem Hörtext nur bestimmte Informationen heraushören. Lies also die Aufgabenstellung ein zweites Mal gründlich durch und frage dich, was du erfahren sollst.
3. Schreibe Signalwörter auf, auf die du achten willst.

Probiere es gleich aus:

1 Schüler aus verschiedenen Klassen sprechen über ihren Geburtstag. Du sollst heraushören, wer wann Geburtstag hat. Überlege dir, auf welche Wörter du beim Hören besonders achten musst. Schreibe sie auf Französisch auf.
2 Vergleiche deine Wörter mit denen, die dein Lernpartner / deine Lernpartnerin aufgeschrieben hat. Besprecht eure Ergebnisse zu zweit.

2. Eine Tabelle vorbereiten

Bereite eine Tabelle vor, in die du während des Hörens die gesuchten Informationen einträgst. Du sollst z. B. herausfinden, wer an welchem Tag ins Kino geht. Dazu legst du dir eine Tabelle mit den Namen der Schüler/innen und einer weiteren Zeile für den Wochentag an.

	Océane	Maxime	Robin	Anissa
quand?	lundi			

Probiere es gleich aus:

Lies die folgende Aufgabenstellung und bereite eine Tabelle vor. Vergleiche im Anschluss deine Tabelle mit der deines Lernpartners / deiner Lernpartnerin:
1 Melda feiert Geburtstag. Fred, Louise und Paul wollen einen Obstsalat mitbringen und kaufen Bananen, Äpfel und Orangen. Wer kauft was? Und wie viel? Was kostet es? Hör zu und schreibe mit.

9 Pendant l'écoute | Während des Hörens (Unité 4)

Ihr hört den Text immer mindestens zweimal. Beim ersten Mal hörst du nur zu. Setze dich möglichst entspannt hin und stelle dich darauf ein, einen französischen Text zu hören. Im Anschluss kannst du dir erste Notizen machen. Beim zweiten Hören achtest du ausschließlich auf die gesuchten Informationen und ergänzt deine Notizen.

1. Notizen machen

Du hast beim Hören wenig Zeit zum Schreiben. Du machst dir also nur kurze Notizen. Das heißt, du schreibst keine Sätze, sondern Stichwörter auf. Verwende Spiegelstriche und Doppelpunkte. Dadurch werden deine Notizen übersichtlicher.

– nom: Julien
– âge: 14

Probiere es gleich aus:

1 In der Übung S. 80/8 sollst du heraushören, was im Angebot ist. Überlege dir für folgende Wörter Abkürzungen: *kilo(s), euros, pommes, bananes, tomates.*
2 Vergleicht eure Abkürzungen zu zweit.
3 Hört jetzt den Hörtext und beantwortet die Fragen (S. 80/8).

2. Abkürzungen verwenden

Du kannst beim Mitschreiben Zeit sparen, wenn du Abkürzungen verwendest. Überlege dir deine persönlichen Abkürzungen und Zeichen. Du kannst z. B. + und = verwenden. Statt *heures* schreibst du vielleicht *h*, für *kilo* notierst du *kg*.

Probiere es gleich aus:

1 Überlege dir für folgende Wörter Abkürzungen und Zeichen: *et, ou, lundi, mardi, anniversaire*.
Was haben sich die anderen ausgedacht? Vergleicht.

2 Gebt euch weitere Wörter aus der *Liste des mots*, p. 128 vor und kürzt sie ab. Achtung: Ihr selbst müsst sie wieder verstehen können!

Robin + Nico: 3 h

10 Après l'écoute | Nach dem Hören: Notizen überprüfen und ergänzen

Nach dem Hören liest du dir deine Notizen in Ruhe durch und ergänzt sie so, dass du sie gut wiedergeben kannst. Wenn dir Informationen fehlen, dann setze an diese Stelle ein Fragezeichen.
Überlege, warum dir diese Informationen fehlen. Hast du z. B. eine Zahl nicht verstanden, weil es dir zu schnell ging? Dann wiederhole die Zahlen und höre den Text noch einmal.

Probiere es gleich aus:

1 Was bedeuten die folgenden Notizen? Schreibe die Sätze auf.
Nico + Laur 7 h ciné
Rob ≠ temps: Marsei. + mère

2 Sucht euch ein bis zwei Sätze aus einem Text im Buch aus und diktiert sie euch gegenseitig. Vergleicht eure Notizen.

Parler | Sprechen

Du willst der Klasse z. B. deinen Lieblingsstar oder deine Traumwohnung präsentieren. Wie gelingt dein Vortrag am besten?

11 Parler devant la classe | Vor der Klasse sprechen

1. Einen Vortrag vorbereiten

Zuerst sammelst du Informationen. Du kannst die Informationen z. B. in einer Mindmap anordnen (siehe S. 112). Formuliere anhand der Mindmap deinen Text und lass ihn von deinem Lehrer / deiner Lehrerin korrigieren.
Du erreichst deine Zuhörer besser, wenn du nicht abliest. Verwende deshalb für deinen Vortrag nur Stichpunkte, die du auf der Grundlage deines Textes anfertigst. Du kannst auch den „Kniff mit dem Knick" ausprobieren (siehe S. 117).

– 27 ans
– Côte d'Ivoire
– foot

2. Einen Vortrag veranschaulichen

Du kannst eine Collage, ein Poster, eine Power-Point-Präsentation oder eine Folie zu deinem Vortrag anfertigen. Dazu suchst du zu deinem Thema passende Fotos aus oder zeichnest Bilder.

Du hast dich für ein Poster entschieden: Ordne die Bilder, klebe sie auf und schreibe Bildunterschriften darunter. Die einzelnen Bilder und Texte nummerierst du in der Reihenfolge, in der du sie besprechen willst. So kannst du dich während deines Vortrags an ihnen orientieren.

3. Vor einem Publikum sprechen

Übe deinen Vortrag vor dem Spiegel oder vor Freunden, Eltern oder Geschwistern. So machst du dich mit dem Text vertraut und merkst, wo du vielleicht noch üben musst. Verwende nur bekannte Wörter. Wenn du neue Wörter benutzen willst, besprichst du sie am besten vorher mit deinem Lehrer / deiner Lehrerin. Die neuen Wörter und ihre Übersetzung schreibst du vor deinem Vortrag an die Tafel. Sieh deine Mitschüler/innen während deines Vortrags an. Sprich langsam und deutlich und mache Pausen, damit alle deinem Vortrag folgen können.

Während deiner Präsentation benutzt du z. B. dein Poster als Hilfe. Zeige auf dem Poster, worüber du gerade sprichst.

Probiere es gleich aus:

Erstelle mit deinem Lernpartner / deiner Lernpartnerin gemeinsam ein Poster zum Thema „*Notre maison de rêve* (Unser Traumhaus)". Verwendet Bilder und schreibt Bildunterschriften dazu. Ihr könnt eure Poster im Klassenraum aufhängen.

Notre maison de rêve …

Probiere es gleich aus:

Stellt euch in Vierergruppen anhand eurer Poster eure Traumhäuser (s. oben) vor. Du beginnst und die anderen hören zu. Sie achten darauf, ob du deutlich sprichst, sie ansiehst und das Poster verwendest. Besprecht den Vortrag in der Gruppe. Dann ist der Nächste / die Nächste an der Reihe.

---

12 Jouer une scène | Ein Rollenspiel oder eine Szene vorspielen

1. Das Rollenspiel / Die Szene vorbereiten

Sammelt zuerst gemeinsam Ideen für eure Szene oder euer Rollenspiel. Anschließend notiert ihr Wörter und Ausdrücke und schreibt gemeinsam den Text. Verteilt dann die Rollen untereinander.
Jede/r übt zunächst seinen/ihren Text für sich. Ihr könnt den „Kniff mit dem Knick" anwenden (siehe S. 117).

2. Requisiten und Kostüme einsetzen

Überlegt euch, mit welchen Requisiten (Gegenständen) ihr euer Spiel anschaulicher und lebendiger gestalten könnt. Wenn eure Szene z. B. nach der Schule spielt, habt ihr eure Jacken an und eure Schultaschen dabei.

In eurer Szene kommen vielleicht auch Geräusche vor. Ihr spielt z. B. eine Szene in der U-Bahn und ein Handy klingelt. Überlegt euch, wie ihr die Geräusche erzeugt und wer dafür zuständig ist. Ihr könnt auch Musik aussuchen und abspielen.

Probiere es gleich aus:

1 Bei dir zu Hause ist Chaos: Der Fernseher läuft, dein Bruder will etwas von dir wissen, das Telefon klingelt und deine Schwester hört laut Musik. Deine Eltern fragen dich, ob du deine Hausaufgaben schon gemacht hast.
 – Welche Gegenstände kannst du für diese Szene verwenden?
 – Welche Musik passt dazu?
 – Welche Geräusche kannst du einsetzen?
 Mache dir Notizen.
2 Vergleiche deine Ideen mit denen deines Lernpartners / deiner Lernpartnerin.

3. Körpersprache einsetzen

Überlegt bereits beim Schreiben und Einstudieren der Szene passende Gesichtsausdrücke und Bewegungen.
An welchen Stellen eurer Szene wollt ihr laut, leise, überrascht oder ungeduldig sprechen? Schreibe dir diese Anweisungen zu deiner Textvorlage. Bei euren Proben übst du Gesichtsausdrücke, Körperbewegungen und Sprechweise gleich mit.

Probiere es gleich aus:

1 Sucht euch zu zweit eine Szene aus einem beliebigen Text der Unités aus, die ihr bereits behandelt habt. Ihr spielt die Szene ohne Worte. Überlegt euch, wie ihr sie darstellt, welche Körperbewegungen, Gesichtsausdrücke, Geräusche und Gegenstände passen könnten.

2 Spielt die Szene vor. Eure Mitschüler/innen erraten, um welche Szene es sich handelt.

4. Freies Sprechen: Der „Kniff mit dem Knick"

Der „Kniff mit dem Knick" ist ein (genehmigter) Spickzettel. Du schreibst in die oberen zwei Drittel eines Blattes die Sätze, die du für deinen Vortrag vorbereitet hast. In das untere Drittel schreibst du nur die wichtigsten Stichwörter. Beim Vortragen oder Vorspielen sprichst du frei. Ab und zu schaust du auf deine Stichwörter. Wenn du nicht weiter weißt, klappst du dein Blatt auf und liest nach.

Probiere es gleich aus:

Bereite mit deinem Lernpartner / deiner Lernpartnerin ein Rollenspiel vor: Spielt eine Szene, in der ihr euch verabredet und überlegt, was ihr tun wollt. Verwendet den „Kniff mit dem Knick".

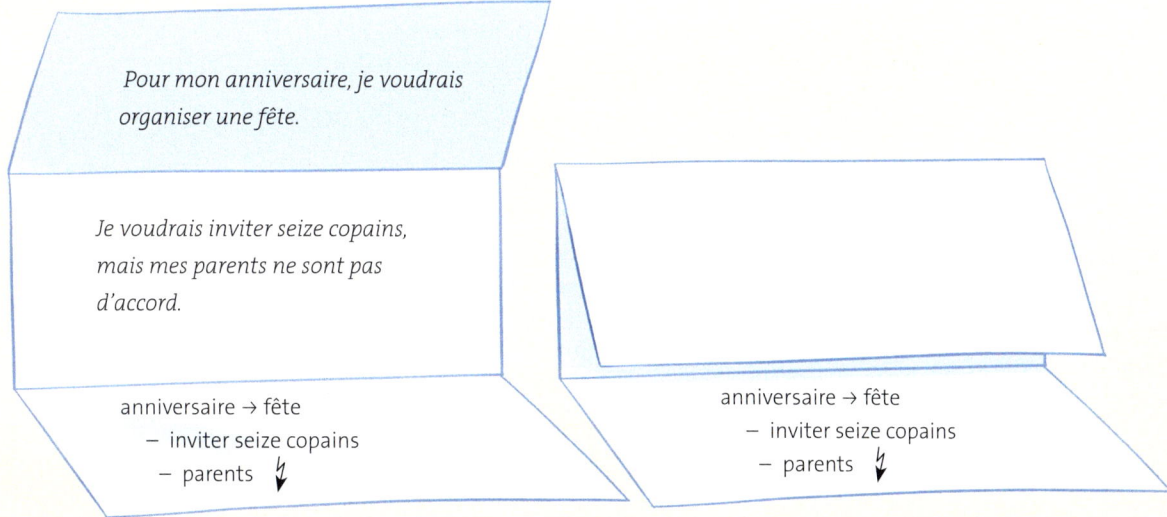

Lire | Lesen

13 Comprendre des mots | Wörter verstehen

Du kannst Wörter verstehen, die du noch nicht gelernt hast. Es gibt verschiedene Möglichkeiten, die Bedeutung eines unbekannten Wortes zu erschließen.

1. Wörter über Bilder erschließen

Schau dir zuerst die Bilder und Fotos, die einen Text begleiten, genau an. Achte auch auf Bildunterschriften. Die Bilder helfen dir, einzelne unbekannte Wörter zu verstehen.

2. Kenntnisse aus anderen Sprachen nutzen

Viele Wörter verschiedener Sprachen haben denselben Ursprung und sind sich deshalb ähnlich. Nutze dein Wissen aus anderen Sprachen, um dir französische Wörter zu erschließen und sie dir zu merken.

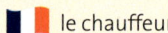 le chauffeur   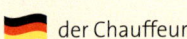 der Chauffeur

 chauffeur   şoför

> **Probiere es gleich aus:**
>
> **1** Was bedeuten diese Wörter auf Deutsch?
> *la chance, le musée, l'interview, la place, l'excuse, le poème, les nombres.*
> Wie bist du darauf gekommen?
> **2** Kennst du andere Wörter, die sich in verschiedenen Sprachen ähneln? Sammelt zu zweit weiter. Tauscht euch dann mit euren Mitschülern/-innen aus.

3. Mit den alphabetischen Wortlisten arbeiten

In diesem Französischbuch gibt es ein französisch-deutsches und ein deutsch-französisches Wörterverzeichnis, S. 153–166. Dort findest du alle Wörter, die du im Laufe des Schuljahres lernst.

a) Die deutsche Bedeutung eines französischen Wortes nachschlagen

Du weißt nicht, was *l'anniversaire* auf Deutsch heißt. Schlage in der alphabetischen Wortliste Französisch–Deutsch nach *(Liste alphabétique français-allemand)*, S. 153–160. Suche das Wort unter seinem Anfangsbuchstaben. Zusammengesetzte Wörter findest du unter dem Anfangsbuchstaben des ersten Wortes.

Lautschrift: Die Lautschrift gibt an, wie du das Wort aussprichst.
(Übersicht zur Aussprache mit deutschen Beispielen, S. 127)

l'anniversaire [lanivɛʀsɛʀ] *m.* der Geburtstag → 1/A

m. = *masculin* (männlich)
Dieses Wort ist ein männliches Nomen.

Dieses Wort kommt zum ersten Mal in den Approches der *Unité 1* vor.

Verben sind in ihrer Grundform (Infinitiv) eingetragen.
Théo mange une tartine. → Infinitiv: *manger*

faire qc [fɛʀ] etw. machen → 1/T, *Konjugation*, S. 126

qc = quelque chose (etwas)
qc und etw. stehen für eine Ergänzung (Objekt), z. B.:
Elle fait ses devoirs.
(Sie macht ihre Hausaufgaben.)

Die Konjugation des Verbs findest du auf S. 126.

> **Probiere es gleich aus:**
>
> **1** Finde erst die Infinitive (Grundformen) der folgenden Verben (siehe auch *Les verbes*, S. 126). Schlage dann die Infinitive in der alphabetischen Wortliste nach. Was bedeuten:
> *il fait, ils peuvent, tu veux, je vais, nous voulons?*
> **2** Vergleiche deine Ergebnisse mit denen deines Lernpartners / deiner Lernpartnerin.

b) Die französische Bedeutung eines deutschen Wortes nachschlagen

Du bist dir nicht sicher, was „machen" auf Französisch heißt. Schlage die *Liste alphabétique allemand-français*, S. 161–166, auf. Suche das Wort unter seinem Anfangsbuchstaben.

machen (etw.) faire qc → 1/T

etw. = etwas *(quelque chose)*
etw. und *qc* stehen für eine Ergänzung (Objekt) z. B.: *Elle fait <u>ses devoirs</u>.* (Sie macht <u>ihre Hausaufgaben</u>.)

Dieses Wort kommt zum ersten Mal im Text der *Unité 1* vor.

Probiere es gleich aus:

1 Wie sagt man „mitbringen", „das Gemüse" und „der Kuß" auf Französisch?
2 In welcher Unité kommen diese Wörter zum ersten Mal vor?
3 Auf welcher Seite hast du sie gefunden?
4 Vergleiche deine Ergebnisse mit denen deines Lernpartners / deiner Lernpartnerin.

14 Lire et comprendre des textes | Einen Text lesen und verstehen

Versuche zunächst, die Hauptaussage eines Textes zu entschlüsseln. Dazu musst du nicht jedes einzelne Wort verstehen.

1. Auf Form und Gestalt eines Textes achten

Bevor du einen Text liest, schau ihn dir an. Die Gestalt des Textes gibt dir bereits Hinweise auf seinen Inhalt. Bilder oder Fotos zeigen häufig, was im Text beschrieben ist, oder ergänzen den Text.

2. Auf Überschriften und Schlüsselwörter achten

Überfliege einen Text, um herauszufinden, worum es geht. Dabei achtest du zunächst nur auf Überschriften. Sie geben dir Hinweise auf das Thema des Textes. Außerdem gliedern sie den Text in Sinnabschnitte.
Achte auch auf Schlüsselwörter. Sie liefern wichtige Informationen zum Inhalt des Textes.

Probiere es gleich aus:

1 Welche Schlüsselwörter enthält deiner Meinung nach ein Text über eine Geburtstagsparty? Notiere fünf (deutsche) Wörter.
2 Einigt euch zu zweit auf fünf gemeinsame Wörter.
3 Fragt euren Lehrer / eure Lehrerin nach der französischen Übersetzung dieser Wörter.
4 Vergleicht mit dem Text, S. 16. Wie viele eurer Schlüsselwörter findet ihr im Text wieder?

3. Einen Text genau lesen

Du hast den Text überflogen und dir einen ersten Eindruck verschafft. Danach liest du ihn genau und achtest dabei auf Details. Fragen können dich beim Lesen leiten. Welche Fragen kennst du aus dem Deutschunterricht, die du an einen Text richten kannst? Sammelt die Fragen gemeinsam in der Klasse.

Wer?	Wer hat Geburtstag?
Was?	Was passiert?
W...?	

Probiere es gleich aus:

1 Überfliege den Text auf S. 16 und schau dir die Bilder an. Dann lies ihn genau. Formuliere drei Fragen (auf Deutsch) zu der Geschichte.
2 Tausche mit deinem Lernpartner / deiner Lernpartnerin die Fragen aus. Beantwortet jede/r die Fragen.

Écrire | Schreiben

15 Avant d'écrire | Vor dem Schreiben: Ideen sammeln und ordnen (Unité 5)

Du sollst z. B. dein Viertel beschreiben. Lies dir die Aufgaben-stellung genau durch und finde heraus, was von dir verlangt wird. Schreibe dann deine Ideen auf. Dafür kann es nützlich sein, den Text der passenden Unité noch einmal zu lesen. Schreibe französische Wörter und Ausdrücke auf, die du verwenden willst, und ordne sie, z. B. in einer Mindmap (siehe S. 96). Verfasse auf dieser Grundlage deinen Text.

Probiere es gleich aus:

1 Schreibe eine E-Mail an einen französischen Schüler, der Freunde in Deutschland sucht. Darin stellst du dich vor (Familie, Schule, Freunde, Hobbys) und fragst ihn nach seinen Hobbys und Haustieren. Denke an Anrede und Verabschiedung.
Tipp: Lies zur Vorbereitung die Fragen, S. 8.

16 Après l'écriture | Nach dem Schreiben: Mit einer Fehlerliste eigene Texte überprüfen (Unité 5)

Lies deinen Text nach dem Schreiben in Ruhe noch einmal. Hast du alles gesagt, was die Aufgabe von dir verlangt? Dann kontrollierst du, ob du alles richtig geschrieben hast. Dafür liest du deinen Text rückwärts, Satz für Satz. Auf diese Weise entdeckst du Fehler leichter. Gehe die folgende Liste durch und korrigiere, falls nötig, deinen Text:

Probiere es gleich aus:

1 Finde die Fehler im Text A mithilfe der Fehlerliste und korrigiere sie im Heft.
2 Überprüfe die von dir geschriebene E-Mail (siehe Aufgabe 1 auf der Karteikarte oben).
3 Tauscht dann eure Texte aus und korrigiert sie gegenseitig noch einmal.

les copains, mes copines	Passen Begleiter und Nomen zusammen?	✔
Les copains rentrent.	Passen Subjekt und Verbform zusammen?	✔
l'armoire, j'ai, n'as pas, d'Océane	Hast du an die Apostrophe gedacht?	✔
même, là, école, élève	Hast du alle *accents* richtig gesetzt?	✔

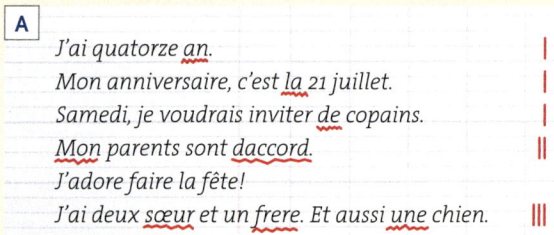

A
J'ai quatorze *an*. |
Mon anniversaire, c'est *la* 21 juillet. |
Samedi, je voudrais inviter *de* copains. |
Mon parents sont *daccord*.   ‖
J'adore faire la fête!
J'ai deux *sœur* et un *frere*. Et aussi une *chien*.   ‖‖

Faire une médiation | Sprachmitteln (Unité 3)

Falls deine Familie oder deine Freunde kein Französisch sprechen, bist du als Französischexperte/-expertin gefordert. Um-gekehrt musst du vielleicht für französische Jugendliche, die dich in Deutschland besuchen, deutsche Aussagen oder Texte auf Französisch erklären.

Beim Sprachmitteln ist vor allem wichtig: Übersetze nicht Wort für Wort oder Satz für Satz. Teile nur das mit, was der/die andere wissen muss.

TIPP Versuche Wörter, die du nicht kennst oder die dir nicht einfallen, zu umschreiben. Du kannst auch Beispiele nennen, um zu erklären, was du meinst.

Les tickets de transport

Tickets valables dans la Communauté Urbaine de Strasbourg (CUS) et Kehl.

- **ALLER SIMPLE**
Ticket valable pour un aller simple.

| 1 ticket | 1.40 € |
| 10 tickets | 12.20 € |

- **ALLER SIMPLE Tarif réduit**
Tickets valables pour un aller simple, pour les enfants de moins de 12 ans et les séniors de plus de 65 ans.

| 1 ticket | 1.05 € |
| 10 tickets | 9.50 € |

- **24 H TRIO**
Ticket valable pendant 24 heures du lundi au vendredi, pour 3 personnes.

| 1 ticket | 5.50 € |

- **24 H TRIO WEEK-END**
Ticket valable pendant 24 heures le samedi ou le dimanche, pour 3 personnes.

| 1 ticket | 5.00 € |

⚠ Attention: Commandez les tickets TRIO trois semaines avant votre départ!

Probiere es gleich aus:

Deine Familie und du, ihr macht einen Tagesausflug nach Straßburg. Ihr seid fünf Personen (dein Vater, deine Mutter, deine beiden Schwestern, 5 und 7 Jahre alt) und ihr werdet öfter mit der Straßenbahn fahren. Welches Ticket rätst du deinen Eltern zu kaufen? Sie wollen natürlich das günstigste Angebot nutzen.

Apprentissage coopératif | Kooperatives Lernen: le R-E-P

1. Réfléchir
Zuerst löst du die Aufgabe alleine. So kannst du konzentriert nachdenken und deinen eigenen Lösungsweg finden.

2. Échanger
Dann besprecht ihr eure Ergebnisse zu zweit.

3. Partager
Anschließend tragt ihr eure Ergebnisse in der Gruppe oder in der Klasse zusammen.
Ihr berücksichtigt die Meinungen aller und einigt euch auf ein gemeinsames Ergebnis.

Probiere es gleich aus:

Ihr sollt euch selbstständig die Verneinung im Französischen erarbeiten (S. 18/5):

1 Jede/r bearbeitet die Aufgaben 5a, b, c.

2 Dann arbeitet ihr zu zweit und stellt euch gegenseitig eure Ergebnisse vor. Hört euch gut zu und fragt nach, wenn ihr etwas nicht verstanden habt.

3 Stellt eure Regel (5b) und Sätze (5c) in der Gruppe/Klasse vor.

17 Placemat

Bei dieser Form des kooperativen Arbeitens diskutiert ihr in der Gruppe über ein Thema. Das Ergebnis eurer Diskussion haltet ihr in der Mitte eines Blattes fest.

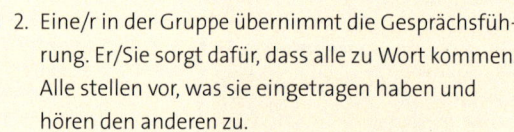

1. Ihr sollt französische Wörter und Ausdrücke sammeln, die zum Thema *Mes hobbys* passen. Alle schreiben in ihr Feld, was ihnen dazu einfällt.
2. Eine/r in der Gruppe übernimmt die Gesprächsführung. Er/Sie sorgt dafür, dass alle zu Wort kommen. Alle stellen vor, was sie eingetragen haben und hören den anderen zu.
3. Ihr diskutiert über eure Wörter. Sind alle hier richtig? Gibt es Wörter, die ihr alle aufgeschrieben habt? Einigt euch auf zehn Wörter und Ausdrücke. Die Entscheidung begründet ihr gemeinsam.
4. Ein Gruppenmitglied trägt diese zehn Wörter in die Mitte des Placemats ein.
5. Euer Lehrer / Eure Lehrerin fordert eine/n von euch auf, euer Ergebnis der Klasse vorzustellen.

Probiere es gleich aus:

In der *Unité 3* lernst du, deinen Tagesablauf auf Französisch vorzustellen.
Überlegt und notiert im Placemat, was ihr braucht und können müsst, um darüber zu schreiben. Beachtet die fünf Schritte.

18 Rendez-vous

Bei dieser Methode „verabredest" du dich mit Mitschülern/Mitschülerinnen, mit denen du gemeinsam eine Übung lösen möchtest.

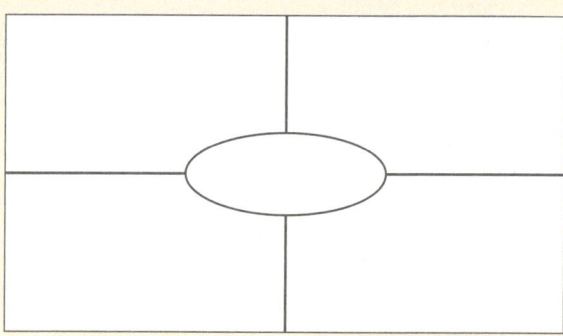

	nom	anniversaire
lundi		
mardi		
mercredi		
jeudi		
vendredi		

C'est quand, ton anniversaire?

1. Du sollst verschiedene Schüler/innen nach ihrem Geburtstag fragen (siehe S. 13/6). Zuerst bereitest du eine Tabelle vor: In die linke Spalte schreibst du die fünf Wochentage. Über die beiden anderen Spalten schreibst du *nom* und *anniversaire*.
2. Beim Signal deines Lehrers / deiner Lehrerin läufst du durch die Klasse und verabredest dich für jeden der fünf Tage mit je einem Schüler / einer Schülerin. Die Namen schreibst du in die Tabelle unter *nom*.
3. Beim Signal: „*C'est lundi!*" begibst du dich schnell zu deiner Verabredung für *lundi*. Frage ihn/sie nach seinem/ihrem Geburtstag. Sage auch, wann du Geburtstag hast. Ihr schreibt beide das Datum auf. Beim nächsten Signal geht es weiter, bis dein „Kalender" voll ist.
4. Am Ende fordert dein Lehrer / deine Lehrerin eine/n von euch auf, seine/ihre Ergebnisse vorzustellen.

Probiere es gleich aus:

1. Macht eine Umfrage zu euren Hobbys (siehe S. 33/6b). Dazu erstellt ihr zuerst einen „Kalender". Verabredet euch mit jeweils fünf Mitschülern/Mitschülerinnen.
2. Auf die Signale hin befragt ihr euch gegenseitig: *Qu'est-ce que tu aimes? Qu'est-ce que tu n'aimes pas?*

Petit dictionnaire de civilisation | Kleines landeskundliches Lexikon

Personen

Grégoire [gregwar] (geb. 1979)

Französischer Sänger. Er veröffentlichte seine Musik im Internet. Daraufhin finanzierten die Hörer die Produktion seines Albums „Toi plus moi".
(→ Unité 5 / Magazine)

Jaurès, Jean [ʒɔres] (1859–1914)

Französischer Politiker und Philosoph, der sich für ein soziales Frankreich einsetzte. Er rief gegen die Vorbereitungen zum Ersten Weltkrieg (1914–1918) auf und wurde daraufhin ermordet. (→ Unité 3 / France en direct)

Parker, Tony [parkœr] (geb. 1982)

Französischer Basketballspieler, auch „Tipi" genannt, der in der französischen Nationalmannschaft spielt. Seit 2001 spielt Parker bei den amerikanischen Spurs aus San Antonio in der NBA. (→ Unité 2 / Magazine)

Puccino, Oxmo [putʃino] (geb. 1975)

Französischer Rapper, mit bürgerlichem Namen Abdoulaye Diarra. Er stammt aus Mali und ist in Paris aufgewachsen. Bereits als Jugendlicher machte er sich in seinem Viertel als Rapper einen Namen. Sein 2009 erschienenes Album heißt „L'Arme de la Paix". (→ Unité 2 / Magazine)

Soha [soa]

Französische Sängerin aus Marseille. Sie entstammt einer Familie nordafrikanischer Nomaden. In ihrer Musik vermischen sich verschiedene Stilrichtungen und Rhythmen aus Reggae, Jazz und kubanischer Musik. 2008 war sie mit ihrem ersten Album „D'ici et d'ailleurs" („Von hier und woanders") in Deutschland auf Tournee. (→ Unité 1 / Texte)

Geographische Namen

les Deux-Alpes [ledøzalp]

Großer französischer Wintersportort, der im Südosten Frankreichs südlich von Grenoble liegt. Der Ort befindet sich im größten Gletscherskigebiet Europas. (→ Unité 2 / Texte)

Levallois [ləvalwa]

Vorort von Paris mit ca. 63 200 Einwohnern, den man von Paris aus mit der Metro erreicht. Durch Levallois fließt die → Seine. In Levallois stehen Häuser mit bemalten Wänden *(les murs peints)*, auf denen täuschend echt aussehende Motive abgebildet sind.

Marseille [marsɛj]

Zweitgrößte und älteste Stadt Frankreichs mit ca. 850 000 Einwohnern, die um 600 v.Chr. gegründet wurde. Marseille liegt am Mittelmeer und hat einen wichtigen Hafen. Der berühmte und erfolgreiche Fußballklub Marseilles heißt „Olympique de Marseille". (→ Module E)

Paris [pari]

Hauptstadt Frankreichs. Mit ca. 2,2 Millionen Einwohnern bevölkerungsreichste Stadt des Landes. Politisches, wirtschaftliches und kulturelles Zentrum. Das bekannteste Wahrzeichen von Paris ist der → Eiffelturm.

la Seine [lasɛn]

Zweitlängster Fluss Frankreichs (776 km) nach der Loire (1020 km). Die Seine entspringt im Osten in Burgund und mündet im Westen bei Le Havre in den Ärmelkanal. Sie fließt unter anderem durch → Paris, → Levallois und Rouen.
(→ Unité 5)

Sehenswürdigkeiten in Paris

la place de la Bastille [laplasdəlabastij]

Platz in Paris, benannt nach der 1370 dort erbauten Festung Bastille, die zeitweise als Gefängnis diente. Heute ist der Platz ein beliebter Treffpunkt und wird für verschiedene Veranstaltungen genutzt. (→ Unité 5 / Texte)

Berthillon [bertijɔ̃]

Berühmter Eisladen auf der Île Saint-Louis. Es gibt diesen Familienbetrieb seit 1954. Hier findet man angeblich das beste Eis in Paris. (→ Unité 5 / Texte)

les Galeries Lafayette [galrilafajɛt] *f. pl.*

Französische Kaufhauskette (→ Unité 5 / Texte)

la Géode [laʒeɔd]

Riesige Edelstahlkugel mit einer spiegelnden Außenhaut. In ihr befindet sich ein 3D-Kino mit über 400 Plätzen und einer halbkugelförmigen Leinwand. (→ Unité 5 / Texte)

le Centre Georges-Pompidou [ləsɑ̃tʀʒɔʀʒpɔ̃pidu]

Kunst- und Kulturzentrum in Paris, das Georges Pompidou bauen ließ. Das Gebäude besteht hauptsächlich aus Stahl, Glas und bunten Röhren. In dem Kulturzentrum ist ein Museum für moderne Kunst. Die Mediathek hat über 380.000 Bücher, CDs und DVDs. Zudem finden dort häufig Vorträge, Kinoabende und Theateraufführungen statt. (→ Unité 5/Texte)

les Halles [leal] *f. pl.*

Metrostation und unterirdisches Einkaufszentrum auf fünf Etagen mit Geschäften, Kinos und Restaurants. Wird seit 2011 umgebaut. Im 12. Jahrhundert befanden sich an dieser Stelle die zentralen Markthallen von Paris. Sie wurden 1969 abgerissen. (→ Unité 5/Texte)

le jardin du Luxembourg [ləʒaʀdɛ̃dylyksɑ̃buʀ]

Der Park gehört zu einem kleinen Schloss, dem Palais du Luxembourg. Er wurde 1612 angelegt. Man kann dort Blumen und exotischen Pflanzen bewundern. Oder man ruht sich auf einem der berühmten grünen Stühle aus, die extra für diesen Park entworfen wurden. (→ Unité 5/Texte)

Montmartre [mɔ̃maʀtʀ]

Ehemaliges Künstlerviertel im Norden von Paris. Dort lebten berühmte Maler wie Toulouse-Lautrec und Renoir. Seit dem Film „Le fabuleux destin d'Amélie Poulain" („Die fabelhafte Welt der Amélie") ist das Viertel zu einem noch stärkeren Touristenmagneten geworden. (→ Unité 5/Texte)

le musée du Louvre [ləmyzedyluvʀ]

Größtes Museum Frankreichs, in dem weltberühmte Gemälde ausgestellt sind, darunter „La Joconde" („Mona Lisa") von Leonardo da Vinci. Das Museum besitzt eine reichhaltige Sammlung antiker sowie islamischer Kunst.

le musée du quai Branly [ləmyzedykebʀɑ̃li]

2006 eröffnetes Museum für Kunst aus Afrika, Amerika, Asien und Ozeanien. Es sind sowohl rituelle Gegenstände als auch Alltagsgegenstände verschiedener Kulturen ausgestellt. (→ Unité 5/Texte)

Notre-Dame [nɔtʀədam]

Kathedrale in Paris, die von 1163–1345 errichtet wurde. Sie liegt auf einer Insel in der → Seine.Victor Hugo schrieb 1831 den Roman „Notre-Dame de Paris" („Der Glöckner von Notre-

Dame") über den buckligen Glöckner Quasimodo, der sich in die schöne Esmeralda verliebt. Die Geschichte wurde oft verfilmt und auch als Musical aufgeführt. (→ Unité 5/Texte)

la tour Eiffel [latuʀɛfɛl] der Eiffelturm

300 Meter hoher Turm aus Stahl. Das Wahrzeichen von → Paris wurde 1889 für die Pariser Weltausstellung errichtet und nach seinem Erbauer Gustave Eiffel benannt.

Schule

le collège [ləkɔlɛʒ]

Ganztagsschule mit vier Klassenstufen von der *sixième* (entspricht in Deutschland der 6. Klasse) bis zur *troisième* (in Deutschland 9. Klasse), die von allen Schülern/Schülerinnen besucht wird (einzige Schulform). Nur am Mittwochnachmittag haben die Schüler/Schülerinnen schulfrei. (→ Unité 3/Approches)

le CDI [ləsedei] (centre de documentation et d'information)

Schülerbibliothek an französischen → *collèges*. Im CDI ihrer Schule können die Schüler/Schülerinnen einzeln oder in Gruppen arbeiten. Sie haben Zugang zu Materialien wie Büchern, Zeitschriften, CDs oder DVDs und zum Internet. (→ Unité 3/Approches)

la salle de permanence [lasaldəpɛʀmanɑ̃s]

Aufenthaltsraum in der Schule. Dorthin gehen alle Schüler/Schülerinnen, die eine Freistunde haben. Sie werden von → *surveillants* bei ihren Hausaufgaben beaufsichtigt. (→ Unité 3/Approches)

le surveillant / la surveillante [ləsyʀvɛjɑ̃/lasyʀvejɑ̃t]

Aufsichtsperson an französischen Schulen. In Frankreich führen nicht Lehrer/Lehrerinnen die Pausenaufsicht, sondern spezielle Aufsichtspersonen. Sie sind auch in den → *salles de permanence* für die Betreuung der Schüler/Schülerinnen zuständig. (→ Unité 3/Texte)

le CPE / la CPE [ləsepeø/lasepeø] (conseiller principal / conseillère principale d'éducation)

Mitarbeiter/Mitarbeiterin an französischen → collèges. Der CPE / Die CPE ist für das Einhalten der Regeln an der Schule zuständig. Er/Sie kümmert sich um die individuellen Probleme der Schüler/Schülerinnen und steht in Kontakt mit Lehrern/Lehrerinnen und Eltern. (→ Unité 3/Texte)

Les nombres | Die Zahlen

Les nombres cardinaux de 0–20 | Die Grundzahlen von 0–20

0	zéro	[zeʀo]	
1	un/une	[ɛ̃] *(männlich)* / [yn] *(weiblich)*	
2	deux	[dø]	[døz] *in der Bindung:* deux enfants [døzãfã]
3	trois	[tʀwa]	[tʀwaz] *in der Bindung:* trois enfants [tʀwazãfã]
4	quatre	[katʀ]	
5	cinq	[sɛ̃k]	
6	six	[sis]	[si] *vor Konsonanten:* six livres [silivʀ]
			[siz] *in der Bindung:* six heures [sizœʀ]
7	sept	[sɛt]	
8	huit	['ɥit]	[ɥi] *vor Konsonanten:* huit musées [ɥimyze]
9	neuf	[nœf]	[nœv] *in der Bindung:* neuf heures [nœvœʀ]
10	dix	[dis]	[di] *vor Konsonanten:* dix livres [dilivʀ]
			[diz] *in der Bindung:* dix heures [dizœʀ]
11	onze	['ɔ̃z]	
12	douze	[duz]	
13	treize	[tʀɛz]	
14	quatorze	[katɔʀz]	
15	quinze	[kɛ̃z]	
16	seize	[sɛz]	
17	dix-sept	[disɛt]	
18	dix-huit	[dizɥit]	
19	dix-neuf	[diznœf]	
20	vingt	[vɛ̃]	[vɛ̃t] *in der Bindung:* vingt heures [vɛ̃tœʀ]

Les nombres cardinaux de 21–100 | Die Grundzahlen von 21–100

21	vingt et un	[vɛ̃teɛ̃] *(männlich)*	75	soixante-quinze	[swasãtkɛ̃z]	
	vingt et une	[vɛ̃teyn] *(weiblich)*	76	soixante-seize	[swasãtsɛz]	
22	vingt-deux	[vɛ̃tdø]	77	soixante-dix-sept	[swasãtdisɛt]	
30	trente	[tʀãt]	78	soixante-dix-huit	[swasãtdizɥit]	
40	quarante	[kaʀãt]	79	soixante-dix-neuf	[swasãtdiznœf]	
50	cinquante	[sɛ̃kãt]	80	quatre-vingts	[katʀəvɛ̃]	
60	soixante	[swasãt]	81	quatre-vingt-un	[katʀəvɛ̃ɛ̃] *(männlich)*	
70	soixante-dix	[swasãtdis]		quatre-vingt-une	[katʀəvɛ̃yn] *(weiblich)*	
71	soixante et onze	[swasãteɔ̃z]	82	quatre-vingt-deux	[katʀəvɛ̃dø]	
72	soixante-douze	[swasãtduz]	90	quatre-vingt-dix	[katʀəvɛ̃dis]	
73	soixante-treize	[swasãttʀɛz]	91	quatre-vingt-onze	[katʀəvɛ̃ɔ̃z]	
74	soixante-quatorze	[swasãtkatɔʀz]	100	cent	[sã]	
					[sãt] *in der Bindung:*	
					cent ans [sãtã]	

Les verbes | Die Verben

Hier findest du die Konjugationen der Verben aus *À toi!* 1A und *À toi!* 1B.

Les verbes auxiliaires *avoir* et *être* | Die Hilfsverben *avoir* und *être*

infinitif		**avoir** (haben)			**être** (sein)
présent	j'	ai		je	suis
	tu	as		tu	es
	il/elle/on	a		il/elle/on	est
	nous	avons		nous	sommes
	vous	avez		vous	êtes
	ils/elles	ont		ils/elles	sont

Les verbes réguliers en *-er* | Die regelmäßigen Verben auf *-er*

infinitif		**rentrer** (nach Hause gehen)
présent	je	rentre
	tu	rentres
	il/elle/on	rentre
	nous	rentrons
	vous	rentrez
	ils/elles	rentrent

impératif   Rentre. Rentrons. Rentrez.

❗ Die folgenden Verben haben jeweils eine Besonderheit in der Schreibung:

-ger: *nous corrigeons, nous mangeons, nous rangeons*

acheter: *j'achète / nous achetons*

s'appeler: *je m'appelle / tu t'appelles / il/elle s'appelle*

Les verbes irréguliers | Die unregelmäßigen Verben

infinitif		**aller** (gehen, fahren)			**faire** (machen)
présent	je	vais		je	fais
	tu	vas		tu	fais
	il/elle/on	va		il/elle/on	fait
	nous	allons		nous	faisons
	vous	allez		vous	faites
	ils/elles	vont		ils/elles	font

infinitif		**pouvoir** (können)			**vouloir** (wollen)
présent	je	peux		je	veux
	tu	peux		tu	veux
	il/elle/on	peut		il/elle/on	veut
	nous	pouvons		nous	voulons
	vous	pouvez		vous	voulez
	ils/elles	peuvent		ils/elles	veulent

L'alphabet | Das Alphabet

a [ɑ]	d [de]	g [ʒe]	j [ʒi]	m [ɛm]	p [pe]	s [ɛs]	v [ve]	y [igʀɛk]
b [be]	e [ə]	h [aʃ]	k [ka]	n [ɛn]	q [ky]	t [te]	w [dublǝve]	z [zɛd]
c [se]	f [ɛf]	i [i]	l [ɛl]	o [o]	r [ɛʀ]	u [y]	x [iks]	

L'alphabet phonétique | Die Lautschrift

Les consonnes | Die Konsonanten

[b] **b**anane, **b**onjour

[d] **d**écembre, or**d**inateur

[f] **ph**oto, soi**f**

[g] **g**arçon, **g**rand-mère, fri**g**o

[k] **c**lasse, **c**adeau

[l] **l**à, al**l**er

[m] **m**ardi, ai**m**er

[n] **n**on, a**nn**iversaire

[ŋ] shoppi**ng**

[ɲ] Allema**gn**e, Breta**gn**e

[p] **p**ère, ré**p**onse

[ʀ] **r**ue, liv**r**e

[s] *scharfes „s" wie in Kuss:* **ç**a, mer**c**i, **s**onner, pa**ss**er

[z] *summendes „s" wie in Rasen:* mai**s**on, les ̮enfants, six ̮heures, **z**éro

[ʃ] *„sch" wie in Tasche:* **ch**ercher, **ch**at

[ʒ] *wie „g" in Garage:* ar**g**ent, bon**j**our

[t] **t**our, bague**tt**e

[v] **v**endredi, li**v**re, élè**v**e

Les voyelles | Die Vokale

[a] *kurzes „a" wie in Ball:* **a**mi, n**a**ture

[ɑ] *langes „a" wie in Bahn:* ne ... p**a**s, gât**eau**, **â**ge

[ɛ] *offenes „e" wie in Ende:* m**ai**s, ch**ai**se, c'**e**st, ch**e**rcher, coll**è**ge

[e] *geschlossenes „e" wie in See:* **é**cole, rang**er**

[ə] *stummes „e" wie in Kabel:* l**e**, d**e**, ch**e**val

[i] **i**dée, **i**ci

[o] *geschlossenes „o" wie in Floh:* tr**op**, gât**eau**

[ɔ] *offenes „o" wie in doch:* fr**o**mage, enc**o**re, p**o**mme

[ø] *geschlossenes „ö" wie in böse:* j**eu**di, m**o**nsieur

[œ] *offenes „ö" wie in öffnen:* s**œu**r, n**eu**f

[u] *„u" wie in Mut:* **où**, bonj**ou**r, s**ou**s

[y] *„ü" wie in müde:* **u**nité, min**u**te, lég**u**mes

Les semi-voyelles | Die Gleitlaute

[ɥ] c**u**isine, h**u**it, fr**u**it

[j] quart**i**er, surve**i**llant

[w] **ou**i ['wi], t**o**i [twa], arm**o**ire [aʀmwaʀ]

Les voyelles nasales | Die nasalierten Vokale

[ɑ̃] **en**fa**n**t, ca**n**tine, cha**m**bre

[ɔ̃] par**d**on, com**b**ien

[ɛ̃] **un**, **in**viter, f**aim**, cop**ain**, mur p**ein**t

Les signes dans la phrase | Die Zeichen im Satz

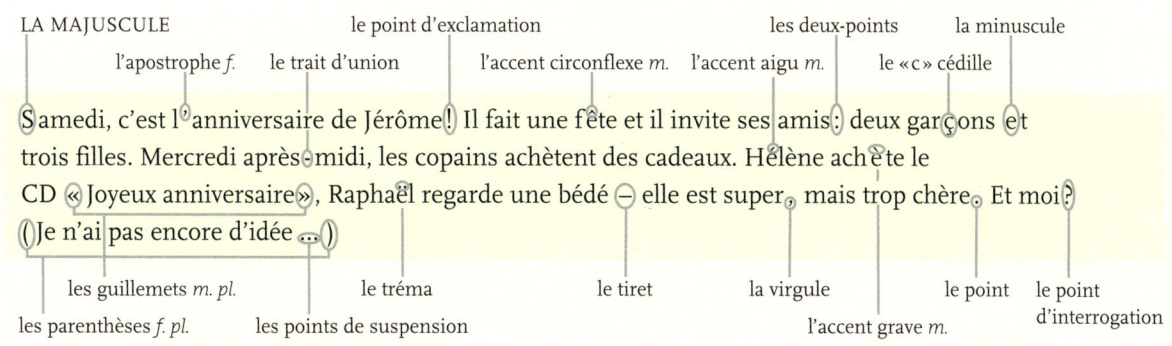

LA MAJUSCULE   le point d'exclamation   les deux-points   la minuscule

l'apostrophe *f.*   le trait d'union   l'accent circonflexe *m.*   l'accent aigu *m.*   le « c » cédille

Samedi, c'est l'anniversaire de Jérôme! Il fait une fête et il invite ses amis: deux garçons et trois filles. Mercredi après-midi, les copains achètent des cadeaux. Hélène achète le CD « Joyeux anniversaire », Raphaël regarde une bédé – elle est super, mais trop chère. Et moi? (Je n'ai pas encore d'idée ...)

les guillemets *m. pl.*   le tréma   le tiret   la virgule   le point   le point d'interrogation

les parenthèses *f. pl.*   les points de suspension   l'accent grave *m.*

Liste des mots | Wortliste

p.16 **1 2**   Hier stehen die Vokabeln zu Abschnitt eins und zwei des Textes auf Seite 16.

p.14|**4**   Hier stehen die Vokabeln zu Aufgabe 4 auf Seite 14.

~   bezeichnet die Lücke, in die du das neue Wort (ohne Begleiter) einsetzt.

≠   Hier findest du das Gegenteil des Wortes.

~[1]   Die Fußnote zeigt dir an, dass du auf die Angleichung des Wortes achten musst. Die richtige Lösung findest du in dem weißen Streifen nach jedem Abschnitt.

!   Achtung! Pass hier besonders gut auf.

🇬🇧   Hier findest du ein englisches Wort, das dem französischen Wort ähnlich ist.   ▶ Méthodes, p.118

Verb auf -er, *p.126:* Dieses Verb gehört zu den Verben auf -er. Wie du es konjugierst, steht auf Seite 126.
▶ *Civilisation, p.123* zeigt dir an, dass du im *Petit dictionnaire de civilisation* (Kleines landeskundliches Wörterbuch) weitere Informationen zu dem Eintrag findest.

adj.	adjectif (Adjektiv)	etw.	etwas
adv.	adverbe (Adverb)	jdm	jemandem
f.	féminin (weiblich)	jdn	jemanden
fam.	familier (umgangssprachlich)	jds	jemandes
imp.	impératif (Imperativ)	männl.	männlich
m.	masculin (männlich)	Pers.	Person
pl.	pluriel (Plural)	Pl.	Plural
qc	quelque chose (etwas)	Sg.	Singular
qn	quelqu'un (jemand)	ugs.	umgangssprachlich
sg.	singulier (Singular)	weibl.	weiblich
inf.	infinitif (Infinitiv)	wörtl.	wörtlich

Unité 1 | Approches

p.10–11	**la fête** [lafɛt]	die Feier, die Party	C'est la ~ de Matis.
	C'est la fête! [sɛlafɛt]	*hier:* Heute ist Party!	~ chez Zoé?
	quand [kɑ̃]	wann	C'est ~, le cours?
	l'anniversaire [lanivɛʀsɛʀ] *m.*	der Geburtstag	C'est quand, ton ~?
	le 21 mars [ləvɛ̃teɛ̃maʀs]	am 21. März	L'anniversaire d'Anissa, c'est ~[1].
	le premier / la première ou le 1ᵉʳ / la 1ᵉʳᵉ [ləpʀəmje/lapʀəmjɛʀ]	der erste / die erste	L'anniversaire de Tom, c'est le ~ mai.

janvier [ʒɑ̃vje]	Januar		
février [fevʀije]	Februar		
mars [maʀs]	März		

avril [avʀil]	April
mai [mɛ]	Mai
juin [ʒɥɛ̃]	Juni

juillet [ʒɥijɛ]	Juli	octobre [ɔktɔbʀ]	Oktober
août [ut]	August	novembre [nɔvɑ̃bʀ]	November
septembre	September	décembre [desɑ̃bʀ]	Dezember
[sɛptɑ̃bʀ]			

C'est samedi. [sɛsamdi]   Das ist am Samstag.   L'anniversaire de Furkan, ~?

lundi [lœ̃di]	Montag, am Montag
mardi [maʀdi]	Dienstag, am Dienstag
mercredi [mɛʀkʀədi]	Mittwoch, am Mittwowch
jeudi [ʒødi]	Donnerstag, am Donnerstag
vendredi [vɑ̃dʀədi]	Freitag, am Freitag
samedi [samdi]	Samstag, am Samstag
dimanche [dimɑ̃ʃ]	Sonntag, am Sonntag

est-ce que [ɛskə]   *Fragepartikel, zeigt an, dass*   ~ nous avons cours à dix heures?
                         es sich um eine Frage handelt

Quand		Quand est-ce que tu rentres?
Où	est-ce que ___?	Où est-ce que tu habites?
Comment		Comment est-ce que tu t'appelles?

organiser qc [ɔʀganize]   etw. organisieren *Verb auf* -er, *p. 126*   Nous ~[2] une fête le 2 avril.

1 le 21 mars   2 organisons

Unité 1 | Dialogue modèle

p. 14 **le problème** [ləpʀɔblɛm]   das Problem   Nous avons un ~.

Et alors? [ealɔʀ]   Na und?   – Tu ne manges pas ta tartine?
                                    – ~?

je voudrais [ʒəvudʀɛ] + *inf.*   ich möchte, ich würde gern   ~ manger une tartine.

être d'accord [ɛtʀdakɔʀ]   einverstanden sein   Tu ~[1]?

ils / elles ne sont pas d'accord   sie sind nicht einverstanden   Tes parents, ~[2]?
[il/ɛlnəsɔ̃padakɔʀ]

le week-end [ləwikɛnd]   das Wochenende, am Wochenende   Mes parents travaillent le ~.
🇬🇧 weekend

C'est bête. [sɛbɛt]   Das ist blöd.   – Je n'ai pas mon navigo.   – ~.

je fais [ʒəfɛ]	ich mache	Qu'est-ce que ~ maintenant?
l'idée [lide] *f.*	die Idee	Nous avons une ~.
peut-être [pøtɛtʀ]	vielleicht	– Tu as le temps ce soir? – ~.
p.14|4 pour [puʀ]	für	C'est un cadeau ~ ma mère.
p.15|5 génial [ʒenjal] *adj. fam.*	genial, toll	Tu as un poster de ZAZ? ~!
tu voudrais [tyvudʀɛ] *+ inf.*	du möchtest, du würdest gern	Qu'est-ce que ~?
la pizza [lapidza]	die Pizza	Je voudrais manger une ~.
danser [dɑ̃se] 🇬🇧 to dance	tanzen *Verb auf* -er, p. 126	Mon frère ~³ avec Zoé.
jouer au foot [ʒweofut]	Fußball spielen	– Qu'est ce que tu aimes? – ~.
aller au cinéma [aleosinema]	ins Kino gehen	– Ce soir, je voudrais ~.
aller au roller parc [aleoʀɔlœʀpaʀk]	in den Skatepark gehen	– On rentre ensemble? – Non, je voudrais ~.

1 es d'accord **2** ils ne sont pas d'accord **3** danse

Unité 1 | Texte

| **p.16 1 2** il fait / elle fait / on fait
 [ilfɛ/ɛlfɛ/ɔ̃fɛ] | er macht / sie macht /
 man macht / wir machen | Qu'est-ce qu'il ~? |

faire qc [fɛʀ] etw. machen	je fais ich mache tu fais du machst il fait / elle fait er macht / sie macht on fait man macht / wir machen	nous faisons wir machen vous faites ihr macht / Sie machen ils font / elles font sie machen

faire la fête [fɛʀlafɛt]	feiern	Samedi, on ~¹.
ne ... pas [nəpɑ]	nicht	Elle ~ range ~ sa chambre.
les devoirs [ledəvwaʀ] *m. pl.*	die Hausaufgaben	Elle ne fait pas ses ~.
rêver [ʀeve]	träumen *Verb auf* -er, p. 126	La nuit, je ~².
le cadeau / ⚠ les cadeaux [ləkado/lekado]	das Geschenk	– Voilà ton ~. – Oh, un sac!
la bédé des filles [labededefij]	*französische Comicreihe*	
ou [u]	oder	Tu habites à Paris ~ à Marseille?

Auf dem *wo* sitzt ein Floh.

ou = oder
où = wo?

inviter qn [ɛ̃vite] 🇬🇧 to invite	jdn einladen *Verb auf* -er, *p. 126*	Elle ~³ ses amis.
Ce n'est pas possible. [sənɛpɑpɔsibl] 🇬🇧 possible	Das ist nicht möglich.	Je voudrais un chat, mais ~.
chez elle [ʃezɛl]	bei ihr, *hier:* bei sich	Les copains sont ~.

chez moi
zu mir (nach Hause)

chez moi
bei mir (zu Hause)

chez toi
zu dir (nach Hause)

chez toi
bei dir (zu Hause)

la surprise [lasyʀpʀiz] 🇬🇧 surprise	die Überraschung	Dans ta chambre, il y a une ~.
la fête-surprise [lafɛtsyʀpʀiz]	die Überraschungsparty	Nous organisons une ~.
à cinq heures [asɛ̃kœʀ]	um fünf Uhr	Samedi ~, nous sommes là.
apporter qc [apɔʀte]	etw. mitbringen *Verb auf* -er, *p. 126*	Les amis ~⁴ des cadeaux.
le gâteau / ❗ les gâteaux [ləgɑto/legɑto]	der Kuchen	Nous apportons un ~ pour son anniversaire.
faire un gâteau [fɛʀɛ̃gɑto]	einen Kuchen backen	Mon père ~⁵.
le numéro [lənymeʀo]	die Nummer	C'est le ~ de Mehdi.

❗ *Le numéro* ist männlich.
„Die Nummer" ist weiblich.

faire le numéro de qn [fɛʀlənymeʀodə]	jds Nummer wählen	Il ~⁶ son cousin.
déjà [deʒa]	schon, bereits	Les copains sont ~ là.
la bougie [labuʒi]	die Kerze	Sur le gâteau, il y a des ~⁷.
C'est joli. [sɛʒɔli]	Das ist hübsch.	Regarde, ~!
avec moi [avɛkmwa]	mit mir	Tu organises la fête ~?

p.16 **3 4**

arriver [aʀive] 🇬🇧 to arrive	kommen, ankommen *Verb auf -er, p. 126*	Ce soir, ma tante ~⁸.
ici [isi]	hier	Qu'est-ce que tu fais ~?
Joyeux anniversaire! [ʒwajøzanivɛʀseʀ]	Alles Gute zum Geburtstag!	

1 fait la fête 2 rêve 3 invite 4 apportent 5 fait un gâteau 6 fait le numéro de 7 bougies 8 arrive

---

Banque de mots (facultatif)   LES CADEAUX | DIE GESCHENKE

  les boucles d'oreilles [lebukldɔʀɛj] *f. pl.*

 le voyage à Disneyland [ləvwajaʒadisnɛlãd]

 le sac à dos [ləsakado]

 la guitare [lagitaʀ]

 la batterie [labatʀi]

 les baskets [lebaskɛt] *m. pl.*

 les fringues [lefʀɛ̃g] *m. pl.*

 le coussin [lekusɛ̃]

 le jeu vidéo [ləʒøvideo]

 les patins à glace [lepatɛ̃aglas] *m. pl.*

Module A

Die Module A-E sind unabhängige „Bausteine". Sie schließen an den Wortschatz der Unité 1 an.

p. 28–29 **Noël** | Weihnachten

Noël [nɔɛl] *m.*	Weihnachten
le père Noël [ləpɛʀnɔɛl]	der Weihnachtsmann
apporter les cadeaux [apɔʀtelekado]	die Geschenke bringen
le sapin [ləsapɛ̃]	die Tanne, *hier:* der Weihnachtsbaum
décorer le sapin et la maison [dekɔʀeləsapɛ̃elamɛzõ]	den Weihnachtsbaum und das Haus schmücken
le réveillon (de Noël) [ləʀevɛjõ]	Heiligabend

le réveillon (de la Saint-Sylvestre) [ləʀevɛjɔ̃]	Silvester
le nouvel an / le jour de l'an [lənuvɛlɑ̃/ləʒuʀdəlɑ̃]	Neujahr
la fête des Rois [lafɛtdeʀwa]	Heilige Drei Könige *am 6. Januar*
la galette des Rois [lagalɛtdeʀwa]	der Dreikönigskuchen *Traditioneller Kuchen* *zum Dreikönigsfest am 6. Januar*
la fève [lafɛv]	kleine Porzellan- oder Plastikfigur, *wörtl.:* die Bohne *wird im Dreikönigskuchen versteckt*
trouver la fève [tʀuvelafɛv]	die Porzellan- oder Plastikfigur finden
le roi / la reine [ləʀwa/laʀɛn]	der König / die Königin

p. 28–29   **Fêtes et traditions** | Feste und Traditionen

le carnaval [ləkaʀnaval]	der Karneval, der Fasching
Pâques [pɑk] *f. pl.*	Ostern
la cloche [laklɔʃ]	die Glocke
les œufs en chocolat [lezøɑ̃ʃɔkɔla] *m. pl.*	die Schokoladeneier
le poisson d'avril [ləpwasɔ̃davʀil]	der Aprilscherz *wörtl.: der Aprilfisch*
coller dans le dos des gens [kɔledɑ̃lədodeʒɑ̃]	auf den Rücken der Leute kleben
la fête nationale [lafɛtnasjɔnal]	der Nationalfeiertag *am 14. Juli*
le feu d'artifice [ləfødaʀtifis]	das Feuerwerk
la citrouille [lasitʀuj]	der Kürbis

Unité 2 | Approches

p. 30 **aimer qn/qc** [eme]	jdn/etw. mögen *Verb auf* -er, *p. 126*	Mes grands-parents ~[1] les fêtes de famille.
adorer qn/qc [adɔʀe]	jdn/etw. sehr mögen *Verb auf* -er, *p. 126*	Ma sœur ~[2] les animaux.
la télé *fam. ou* **la télévision** [latele] ou [latelevizjɔ̃] 🇬🇧 television	der Fernseher	Dans le salon, il y a une ~.
regarder la télé [ʀəgaʀdelatele]	fernsehen	Ce soir, on ~[3].
chatter [tʃate]	chatten *Verb auf* -er, *p. 126*	J'adore ~ avec mes copines.
la nature [lanatyʀ]	die Natur	Tu aimes la ~?
le skate [ləskɛt]	das Skateboardfahren, *auch:* das Skateboard	Vous adorez le ~?

le tennis [lətenis]	Tennis	Le hobby de Valérie, c'est le ~.
p.31 **faire la cuisine** [fɛʀlakɥizin]	kochen	Nous ~⁴ ensemble, d'accord?

On **fait la fête.**
Wir feiern.

Il **fait un gâteau.**
Er backt einen Kuchen.

Elle **fait le numéro de** son copain.
Sie wählt die Nummer ihres Freundes.

Elle **fait la cuisine.**
Sie kocht.

les spaghettis [lespaɡɛti] *m. pl.*	die Spaghetti	Je voudrais manger des ~.
dessiner qc [desine]	etw. zeichnen *Verb auf* -er, *p. 126*	Qu'est-ce que tu ~⁵?
le cheval / ❗ les chevaux [ləʃəval/leʃəvo]	das Pferd, *hier:* das Reiten	Mon hobby, c'est le ~.

un gâteau –
des gâteaux

un cadeau –
des cadeaux

un animal –
des animaux

un cheval –
des chevaux

Merke: Manche Nomen enden im Plural auf -x.

la photo [lafɔto]	*hier:* das Fotografieren	Vous aimez la ~?

1 aiment   2 adore   3 regarde la télé   4 faisons la cuisine   5 dessines

Unité 2 | Dialogue modèle

p.34 **le zéro** [ləzeʀo] 🇬🇧 zero	die Null	Dans mon numéro, il y a trois ~¹.

  Die Zahlen bis 100 findest du auf S. 125.

je répète [ʒəʀepɛt]	ich wiederhole	~, M-U-E-deux L-E-R.

c'est ça [sɛsa]	*hier:* richtig	– Deux croissants? – Oui, ~.
p.35 tu vas [tyva]	du gehst	Où est-ce que ~?
Tu vas au club de foot? [tyvaoklœbdəfut]	Gehst du zum Fußballverein?	Robin, ~ avec moi?

Tu vas	au club de foot / de basket / de tennis au cinéma au cybercafé au roller parc au stade	à la médiathèque à la piscine	

l'heure [lœʀ] *f.* 🇬🇧 hour	die Stunde	Il a cours à dix ~.[2]
À quelle heure? [akɛlœʀ]	Um wie viel Uhr?	– Je passe chez toi. – ~?
à trois heures [atʀwazœʀ]	um drei Uhr	– On rentre ensemble ~, d'accord?
passer chez qn [paseʃe]	bei jdm vorbeikommen, zu jdm gehen	Je ~[3] Nicole.
d'abord [dabɔʀ] ≠ après	vorher, zuerst	Tu passes ~ chez moi?
p.35 3 aujourd'hui [oʒuʀdɥi]	heute	~, je ne vais pas à l'école.
la piscine [lapisin]	das Schwimmbad	

1 zéros   2 heures   3 passe chez

Unité 2 | Texte

p.36 1 le stage [ləstaʒ]	der Workshop, der Kurs	Nous cherchons un ~.
le quad [ləkwad]	Quad *Geländefahrzeug für ein bis zwei Personen*	C'est un stage de ~.
C'est mercredi. [sɛmɛʀkʀədi]	Es ist Mittwoch.	~, nous passons par la médiathèque?
l'après-midi [lapʀɛmidi] *m.*	der Nachmittag, am Nachmittag	C'est mercredi ~, les élèves rentrent.
il va / elle va / on va [ilva/ɛlva/ɔ̃va]	er geht / sie geht / man geht / wir gehen	On ~ au roller parc?

aller [ale] gehen, fahren	je vais	ich gehe	nous allons	wir gehen
	tu vas	du gehst	vous allez	ihr geht / Sie gehen
	il va / elle va	er geht / sie geht	ils vont / elles vont	sie gehen
	on va	man geht / wir gehen		

l'école [lekɔl] *f.*	die Schule	Les élèves vont à l'~.
préparer qc [pRepaRe] 🇬🇧 to prepare	etw. vorbereiten, etw. zubereiten *Verb auf* -er, *p. 126*	Tu ~[1] une salade?
l'exposé [lɛkspoze] *m.*	das Referat, der Vortrag	Ils préparent un ~.
sonner [sɔne]	klingeln *Verb auf* -er, *p. 126*	Mon portable ~[2], c'est ma mère.
au [o]	zusammengezogener Artikel, männl. Sg. (aus à und **le**)	Tu vas ~ club de foot?
p.36 **2** **surfer** [sœRfe]	surfen *Verb auf* -er, *p. 126*	J'adore ~.
Internet [ɛ̃tɛRnɛt]	das Internet	À la médiathèque, on surfe sur ~.

surfer **sur** Internet
im Internet surfen

les quatorze à seize ans [lekatɔRzasɛzɑ̃] *pl.*	die 14- bis 16-Jährigen	C'est un stage pour les ~.
pas mal [pɑmal]	nicht schlecht	Ton gâteau n'est ~!
en juillet [ɑ̃ɥijɛ]	im Juli	~, on va à Berlin.
la semaine [lasəmɛn]	die Woche	Deux ~[3] à Marseille, c'est super!
aux [o]	zusammengezogener Artikel, männl. Pl. (aus à und les)	
les Deux-Alpes [ledøzalp] *f. pl.*	französischer Wintersportort ▶ Civilisation, *p. 123*	– En janvier, tu es où? – Aux ~.
le temps [lətɑ̃]	die Zeit	
avoir le temps [avwaRlətɑ̃]	Zeit haben	Qu'est-ce que tu fais? Tu ~[4]?

J'ai **le** temps.
Ich habe Zeit.

ne ... pas encore [nəpɑzɑ̃kɔR] ≠ déjà	noch nicht	Je ~'ai ~[5] 14 ans.
quand même [kɑ̃mɛm]	trotzdem	Je fais ~ le stage de quad.

1 prépares **2** sonne **3** semaines **4** as le temps **5** n'... pas encore

Module B

Die Module A-E sind unabhängige „Bausteine". Sie schließen an den Wortschatz der Unité 1 an.

p. 48–50 **La famille** | Die Familie

la mère [lamɛʀ]	die Mutter	**la petite-fille** [lapətitfij]	die Enkelin
le père [ləpɛʀ]	der Vater	**le petit-fils** [ləpətifis]	der Enkel
les parents [lepaʀɑ̃] *m. pl.*	die Eltern	**la femme** [lafam]	die Frau, Ehefrau
la fille [lafij]	die Tochter	**le mari** [ləmaʀi]	der Mann, Ehemann
le fils [ləfis]	der Sohn	**l'ex-femme** [lɛksfam] *f.*	die Exfrau
la sœur [lasœʀ]	die Schwester	**l'ex-mari** [lɛksmaʀi] *m.*	der Exmann
le frère [ləfʀɛʀ]	der Bruder	**la belle-mère** [labɛlmɛʀ]	*hier:* die Stiefmutter
la tante [latɑ̃t]	die Tante	**le beau-père** [ləbopɛʀ]	*hier:* der Stiefvater
l'oncle [lɔ̃kl] *m.*	der Onkel	**Mes parents sont séparés.**	Meine Eltern leben
le cousin / la cousine	der Cousin /	[mepaʀɑ̃sɔ̃sepaʀe]	getrennt.
[ləkuzɛ̃/lakuzin]	die Cousine		
la grand-mère /	die Großmutter		
❗ **les grands-mères**			
[lagʀɑ̃mɛʀ/legʀɑ̃mɛʀ]			
le grand-père /	der Großvater		
❗ **les grands-pères**			
[ləgʀɑ̃pɛʀ/legʀɑ̃pɛʀ]			
les grands-parents	die Großeltern		
[legʀɑ̃paʀɑ̃] *m. pl.*			
mamie [mami]	Oma		
papi [papi]	Opa		

Unité 3 | Approches

p. 52–53

la planète [laplanɛt]	❗ der Planet, *auch:* die Welt	Nous sommes sur une ~.
Il est quelle heure? [ilɛkɛlœʀ]	Wie spät ist es?	Pardon, monsieur. ~?
le gymnase [ləʒimnɑz] 🇬🇧 gymnasium	❗ die Turnhalle	Dans le ~, les élèves ont sport.

   le gymnase die Turnhalle ≠ das Gymnasium

l'infirmerie [lɛ̃fiʀməʀi] *f.*	die Krankenstation	À l'~, il y a deux lits.

la salle des professeurs [lasaldeprɔfesœr]	das Lehrerzimmer	Les profs sont dans la ~.
le secrétariat [ləsəkretarja]	das Sekretariat	Le ~ est à gauche de la salle de classe.
le CDI [ləsedei] *(le centre de documentation et d'information)*	die Schulbibliothek ▶ *Civilisation, p. 123*	Je vais au ~, je cherche un livre.
la cantine [lakãtin]	die Kantine	Les élèves mangent à la ~.
la salle de permanence [lasaldəpɛrmanãs]	*Aufenthaltsraum für Schüler, die keinen Unterricht haben* ▶ *Civilisation, p. 123*	La ~ est à côté du CDI.
en permanence [ãpɛrmanãs]	im Aufenthaltsraum	~, on fait ses devoirs.
Il est huit heures. [ilɛɥitœr]	Es ist acht Uhr.	~, nous mangeons.
demi/demie [dəmi] *adj.*	halb *Adjektiv*	Il est huit heures et ~.[1]
midi [midi]	12 Uhr mittags	Nous mangeons toujours à ~.

Il est huit **heures** et **demie**.
Es ist halb neun.

L'heure ist weiblich. Deshalb verwendest du bei der Angabe der Uhrzeiten die weibliche Form *demie*.

❗ Aber: Il est **midi** et **demi**.
Es ist halb eins.

moins [mwɛ̃]	vor *zeitlich, auch:* minus	Il est deux heures ~ cinq.
le quart [ləkar] 🇬🇧 quarter	das Viertel, die Viertelstunde	Il est midi et ~.

Il est quelle heure? | Wie spät ist es?

Il est une heure.

Il est deux heures cinq.

Il est trois heures et quart.

Il est quatre heures et demie.

moins

Il est six heures moins le quart.

moins

Il est sept heures moins dix.

Il est midi.

Il est minuit.

1 demie

Unité 3 | Dialogue modèle

p.56 **l'emploi du temps** [lãplwadytã] *m.*

der Stundenplan

– Tu rentres à quelle heure?
– Je ne sais pas. Regarde mon ~.

le lundi [ləlɛ̃di]

montags, jeden Montag

~[1], nous avons toujours français.

Samedi, elle range sa chambre.
Am Samstag räumt sie ihr Zimmer auf.

Le samedi, elle range toujours sa chambre.
Samstags räumt sie immer ihr Zimmer auf.

les maths [lemat] *f. pl. fam.*
ou **les mathématiques** [lematematik] *f. pl.*

Mathe, Mathematik
Schulfach

À dix heures, nous avons ~.

C'est nul! [sɛnyl] *fam.*

Das ist doof!

Le lundi, j'ai cours à huit heures. ~!

C'est la cata! [sɛlakata] *fam.*

Das ist schrecklich!

Il est dix heures moins cinq et le bus est en retard! ~!

C'est nickel! [sɛnikɛl] *fam.*

Das ist perfekt!

– Oui, samedi, j'ai le temps. – ~!

Quelle chance! [kɛlʃãs]

Was für ein Glück!

Le lundi tu rentres à midi? ~!

p.57|3 **le jour** [ləʒuʀ]

der Tag

Une semaine a sept ~[2].

les SVT (les Sciences de la vie et de la terre) [ɛsvete] *f. pl.*

Biologie *Schulfach*

les arts plastiques [lezaʀplastik] *m. pl.*

Kunst *Schulfach*

l'EPS (l'éducation physique et sportive) [løpeɛs] *f.*

Sport *Schulfach*

la physique [lafizik]

Physik *Schulfach*

l'allemand [lalmã] *m.*

Deutsch *Schulfach*

l'anglais [lãglɛ] *m.*

Englisch *Schulfach*

la musique [lamyzik]

Musik *Schulfach*

l'histoire [listwaʀ] *f.*
🇬🇧 history

die Geschichte, die Erzählung

J'écoute les ~[3] de mon grand-père.

la géographie [laʒeografi]
🇬🇧 geography

die Geografie, die Erdkunde

La ~, c'est super!

l'histoire-géo [listwaʀʒeo] *f. fam.*

Schulfach, in dem Geschichte und Erdkunde unterrichtet werden

Le jeudi, on a ~.

| **la technologie (techno)** | Technik *Schulfach* |
| [latɛknɔlɔʒi] | |

		LUNDI	MARDI	MERCREDI	JEUDI
8h–8h45		EPS			
8h50–9h35		Français			

À huit heures, **nous avons** EPS/français/allemand …

Um acht Uhr **haben wir** Sport/Französisch/Deutsch …

Merke: *J'aime **le** français / **l'**allemand / **les** maths …*

1 Le lundi **2** jours **3** histoires

Unité 3 | Texte

| p. 58 **1 2** | **être en retard** [ɛtrɑ̃rətar] | zu spät sein | Il est huit heures vingt. Tu ~[1]. |
| | **aller chez qn** [aleʃe] | zu jdm gehen | Le mardi, je ~[2] mon père. |

aller chez + Personen

Elles **vont chez** Madeleine.
Sie **gehen zu** Madeleine.

aller à + Orte

Elles **vont au** CDI.
Sie **gehen in** die Schulbibliothek.

le CPE / la CPE [ləsepeø/lasepeø] *(le conseiller principal / la conseillère principale d'éducation)*	der (Schul-)Betreuer / die (Schul-)Betreuerin ▶ *Civilisation, p. 123*	Au collège, il y a un ~.
pourquoi [purkwa]	warum *Fragewort*	~ est-ce que tu vas chez le CPE?
parce que [parskə]	weil	On est en permanence ~ Monsieur Bruno n'est pas là.
la montre [lamɔ̃tr]	die (Armband-)Uhr	Marie cherche sa ~.
marcher [marʃe]	gehen, *hier:* funktionieren *Verb auf* -er, *p. 126*	Mon portable ne ~[3] pas.
le mot d'excuse [ləmodɛkskyz]	der Entschuldigungszettel	Tu es en retard. Voilà ton ~.
l'interro [lɛ̃tero] *f. fam.* *ou* **l'interrogation** [lɛ̃terɔgasjɔ̃] *f.*	der Test, die Klassenarbeit	Aujourd'hui, on a une ~ d'histoire-géo.
l'interro-surprise [lɛ̃terosyrpriz] *f. fam.*	der unangekündigte Test	Nous avons français. Il y a une ~.

noter qc [nɔte] 🇬🇧 to note	etw. aufschreiben *Verb auf -er, p. 126*	Océane ~⁴ le numéro de Mehdi.
vos [vo]	eure/Ihre *Possessivbegleiter,* *2. Pers. Pl.*	Où sont ~ consoles?
la réponse [laʀepɔ̃s] ≠ question	die Antwort	Notez vos ~⁵.
la feuille [lafœj]	das Blatt	Notez vos réponses sur la ~.
vous pouvez [vupuve]	ihr könnt / Sie können	~ passer chez Lucien à trois heures?

pouvoir qc	je peux	ich kann	nous pouvons	wir können
[puvwaʀ]	tu peux	du kannst	vous pouvez	ihr könnt / Sie können
etw. können	il peut / elle peut	er kann / sie kann	ils peuvent / elles peuvent	sie können
	on peut	man kann / wir können		

utiliser qc [ytilize]	etw. benutzen *Verb auf -er, p. 126*	Je peux ~ ton portable?
votre [vɔtʀ]	euer/eure/Ihr/Ihre *Possessivbegleiter, 2. Person Pl.*	Salut, les amis, c'est ~ chien?
l'atlas [latlɑs] *m.*	der Atlas	– Où est Brest? – Regarde dans l'~.
la minute [laminyt]	die Minute	Dans une heure, il y a soixante ~⁶.
leurs [lœʀ]	ihre *Possessivbegleiter, 3. Pers. Pl.*	Voilà Mehdi, Nicolas et ~ copains.
entrer [ɑ̃tʀe] 🇬🇧 to enter	hineingehen *Verb auf -er, p. 126*	Les élèvent ne peuvent pas ~ dans le CDI.
notre [nɔtʀ]	unser/unsere *Possessivbegleiter,* *1. Pers. Pl.*	~ prof de français, c'est Monsieur Renoir.
leur [lœʀ]	ihr *Possessivbegleiter, 3. Pers. Pl.*	Voilà Laurine, Marie et Monsieur Bobineau, ~ prof de sport.
nos [no]	unsere *Possessivbegleiter, 1. Pers. Pl.*	Nous préparons ~ exposés.

58 **3 4**

Die Possessivbegleiter im Plural

C'est **notre** chien.

C'est **votre** chat?

C'est **leur** perruche.

Ce sont **nos** chiens.

Ce sont **vos** chats?

Ce sont **leurs** perruches.

corriger qc [kɔʀiʒe] ❗ **nous corrigeons**	etw. korrigieren *Verb auf -er, p.126*	Les élèves ~[7] leurs interros.
la faute [lafot] 🇬🇧 fault	der Fehler	Laurine corrige ses ~[8].
20 sur 20 [vɛ̃syʀvɛ̃]	*hier:* 20 von 20 (Punkten) *20 Punkte entsprechen der Note 1.*	Marie a ~. C'est super!

1 es en retard **2** vais chez **3** marche **4** note **5** réponses **6** minutes **7** corrigent **8** fautes

Module C

Die Module A-E sind unabhängige „Bausteine". Sie schließen an den Wortschatz der Unité 1 an.

p.70 **1**	**il/elle est malade** [il/ɛlɛmalad]	er/sie ist krank	Mehdi rentre chez lui. ~[1].
	je peux [ʒəpø]	ich kann	~ chanter en français.
	allumer qc [alyme]	etw. anmachen, etw. einschalten	Tu ~[2] ton ordinateur?
	la lumière [lalymjɛʀ]	das Licht	Où est-ce qu'on allume ~?
	fermer (qc) [fɛʀme]	(etw.) schließen, zumachen	Dépêche-toi, le supermarché ~[3] à cinq heures.
	J'ai froid. [ʒɛfʀwa]	Mir ist kalt.	Tu peux fermer la fenêtre, s'il te plaît? ~.
	nos interros [nozɛ̃teʀɔ]	unsere Klassenarbeiten	Regarde, ~ sont sur le bureau du prof.
p.70 **2**	**vous allez travailler** [vuzaletʀavaje]	ihr werdet arbeiten, Sie werden arbeiten	Mirjam et Christophe, ~ ensemble.
	le groupe [ləgʀup]	die Gruppe	Le ~ A est à droite, le ~ B est à gauche.
	en groupe [ɑ̃gʀup]	in Gruppen	Travailler ~, c'est sympa!
	le sujet [ləsyʒɛ]	das Thema	Les élèves cherchent un ~.
	Tu peux écrire le sujet au tableau? [typøekʀiʀləsyʒɛotablo]	Kannst du das Thema an die Tafel schreiben?	
	distribuer qc [distʀibɥe]	etw. verteilen, etw. austeilen	Le prof ~[4] les interros.
	la feuille [lafœj]	das Blatt	Notez vos réponses sur la ~.
	Je peux me mettre à côté de ...? [ʒəpøməmɛtʀakotedə] + *Name*	Darf ich mich neben (Name) setzen?	Monsieur, ~ Luc, s'il vous plaît?
	on peut [ɔ̃pø]	man kann, wir können	La nuit, ~ rêver.
	On est trois. [ɔ̃nɛtʀwa]	Wir sind zu dritt.	~: Bassem, Samira et moi.

p.70 **3** **Nous avons terminé.** [nuzavɔ̃tɛʀmine]	Wir sind fertig.	~. Qu'est-ce qu'on fait maintenant?
Vous pouvez me donner ...? [vupuvemədɔne] + *Nomen*	Können Sie mir ... geben?, Könnt ihr mir ... geben?	~ les clés, s'il vous plaît?
le transparent [lətʀɑ̃spaʀɑ̃]	die Folie	Je cherche les ~[5].
le feutre [ləføtʀ]	der Filzstift	Dans ma trousse, il y a des ~[6].
Je peux me laver les mains? [ʒəpømǝlavelemɛ̃]	Kann ich mir die Hände waschen?	– ~? – Oui, mais dépêche-toi, on mange!
Vous pouvez venir, s'il vous plaît? [vupuvevǝniʀsilvuplɛ]	Können Sie / Könnt ihr bitte (mal) kommen?	Jérôme et Axel, ~?
Terminez votre travail. [tɛʀminevɔtʀǝtʀavaj]	Beendet eure Arbeit!, Beenden Sie Ihre Arbeit!	Maintenant, ~.
Retournez à vos places. [ʀǝtuʀneavɔplas]	Geht zurück auf eure Plätze!, Gehen Sie zurück auf Ihre Plätze!	Après le travail en groupe, ~.
commencer qc [kɔmɑ̃se] ❗ **nous commençons**	etw. anfangen, etw. beginnen	Je voudrais ~ à huit heures.
Viens au tableau. [vjɛ̃otablo]	Komm an die Tafel.	Jean-Yves, ~, s'il te plaît.

1 Il est malade **2** allumes **3** ferme **4** distribue **5** transparents **6** feutres

Unité 4 | Approches

p.72 **la faim** [lafɛ̃]	der Hunger	
avoir faim [avwaʀfɛ̃]	Hunger haben	Je mange une tartine parce que j'~[1].
la soif [laswaf]	der Durst	
avoir soif [avwaʀswaf]	Durst haben	Nous ~[2] après le sport.
le frigo [ləfʀigo] *fam.* 🇬🇧 fridge	der Kühlschrank	Dans la cuisine, il y a un ~.
beaucoup de qc [bokudə]	viel/viele	Il y a ~ livres au CDI.
le beurre [ləbœʀ]	die Butter	Je mange mes tartines avec beaucoup de ~.
le pot [ləpo]	*hier:* das (Marmeladen-)Glas	Qu'est-ce qu'il y a dans le ~?
la confiture [lakɔ̃fityʀ]	die Marmelade, die Konfitüre	J'aime la ~ de ma grand-mère.
le yaourt [ləja'uʀt]	der Joghurt	Les ~[3] sont au frigo.

un peu de qc [ɛ̃pødə] ≠ beaucoup	ein wenig	Je voudrais un ~ beurre, s'il te plaît.
le fromage [ləfʀɔmaʒ]	der Käse	Rémi adore le ~ et la confiture.
le kilo [ləkilo]	das Kilo	Voilà les trois ~[4] de tomates.
la tomate [latɔmat]	die Tomate	On fait une salade avec des ~[5].
la bouteille [labutɛj] 🇬🇧 bottle	die Flasche	Dans le frigo, il y a des ~[6].
l'eau [lo] f.	das Wasser	– J'ai soif. – Tu veux un peu d'~?
l'eau minérale [lomineʀal] f.	das Mineralwasser	Je voudrais une bouteille d'~, s'il vous plaît.
le litre [ləlitʀ]	der Liter	Dans la bouteille, il y a un ~ d'eau minérale.
le lait [ləlɛ]	die Milch	Mon chat aime le ~.
l'œuf / les œufs [lœf/ **!** lezø] m.	das Ei	Avec trois ~[7], on peut faire un gâteau.

un poussin
un œuf [ɛ̃nœf]
un neuf [ɛ̃nœf]

Un poussin rentre de l'école:

Maman! J'ai eu* un 9!

* **j'ai eu** ich habe bekommen

l'orange [lɔʀɑ̃ʒ] f.	die Apfelsine, die Orange	Nous mangeons un kilo d'~[8].
le jus d'orange [ləʒydɔʀɑ̃ʒ] 🇬🇧 orange juice	der Orangensaft	Anissa apporte une bouteille de ~.
p.73 **!** **le fruit** [ləfʀɥi] 🇬🇧 fruit	die Frucht	L'orange est un ~.
les fruits [lefʀɥi] m. pl.	das Obst	Tu aimes les ~.

 le fruit  die Frucht   Merke: *Le fruit* ist männlich. Im Deutschen ist „die Frucht" weiblich.

la pomme [lapɔm]	der Apfel	C'est bon, les ~[9]?
la banane [labanan]	die Banane	On fait une salade de fruits avec trois ~[10], d'accord?

le sachet [ləsaʃɛ] | der Beutel, die Tüte | Je voudrais un ~ de bonbons.
le bonbon [ləbɔ̃bɔ̃] | das Bonbon | J'adore les ~[11] de ma tante.

un pot de   un kilo de   une bouteille de   un litre de   un sachet de

1 ai faim   2 avons soif   3 yaourts   4 kilos   5 tomates   6 bouteilles   7 œufs   8 oranges   9 pommes
10 bananes   11 bonbons

Unité 4 | Dialogue modèle

p. 76 **la glace** [laglas] | das Eis | En janvier, je ne mange pas de ~[1].

la glace vanille-chocolat [laglasvanijʃɔkɔla] | das Schokoladen-Vanilleeis | – Qu'est-ce que tu manges?
– Une ~.

la glace à la vanille [laglasalavanij] | das Vanilleeis | Les filles aiment les ~[2].

la glace au chocolat [laglasoʃɔkɔla] | das Schokoladeneis | Nicolas aime la ~.

le vendeur / la vendeuse [ləvɑ̃dœʀ/lavɑ̃døz] | der Verkäufer / die Verkäuferin | Mon oncle travaille au supermarché. Il est ~[3].

Ça sera tout? [sasəʀatu] | Ist das alles? | La vendeuse a une question: ~?

p. 76 | 2 **le coca** [ləkɔka/lekɔka] | die Cola | J'ai soif, je voudrais un ~.

p. 77 | 5 **le sandwich** [ləsɑ̃dwiʃ] | das Sandwich | Mon père prépare des ~[4].

le jambon [ləʒɑ̃bɔ̃] | der Schinken | À midi, il mange un sandwich au ~.

l'orangina [lɔʀɑ̃ʒina] m. | *französische Orangenlimonade* | J'ai soif. Je prends un ~.

1 glaces   2 glaces à la vanille   3 vendeur   4 sandwichs

Unité 4 | Texte

p. 78 1 **le dîner** [lədine]
🇬🇧 dinner | das Abendessen | Nous préparons le ~ de ce soir.

prêt/prête [pʀɛ/pʀɛt] *adj.* | fertig, bereit *Adjektiv* | Laurine, tu es ~[1]?

la maison [lamɛzɔ̃] | das Haus | Voilà la ~ de Maxime et Laurine.

à la maison [alamɛzɔ̃]	zu Hause, *hier:* nach Hause	Nous rentrons ~.

Il rentre **à la maison.**
Er kommt **nach Hause.**

Il est **à la maison.**
Er ist **zu Hause.**

Ma maison, c'est chez moi!

le message [ləmesaʒ] 🇬🇧 message	die Nachricht	Il y a un ~ de papa.
acheter qc [aʃəte]	etw. kaufen *Verb auf* -er	Ils ~[2] un kilo de bananes.

acheter qc				**nous achetons**	wir kaufen
[aʃte]	j'ach**è**te	ich kaufe		**vous achetez**	ihr kauft /
etw. kaufen	tu ach**è**tes	du kaufst			Sie kaufen
	il ach**è**te / elle ach**è**te	er kauft / sie kauft			
	on ach**è**te	man kauft / wir kaufen		ils ach**è**tent / elles ach**è**tent	sie kaufen

la quiche [lakiʃ]	die Quiche	On fait une ~?
❗ **les légumes** [lelegym] *m. pl.*	das Gemüse	C'est bon, les ~.
la quiche aux légumes [lakiʃolegym]	die Gemüse-Quiche	Ils préparent une ~.
p.78 **2** **content/contente** [kɔ̃tɑ̃/kɔ̃tɑ̃t] *adj.*	zufrieden, glücklich *Adjektiv*	Anissa est ~[3]. C'est son anniversaire.
ils veulent / elles veulent [ilvœl/ɛlvœl]	sie wollen	Elles ~ préparer une quiche.

vouloir qc				nous voulons	wir wollen
[vulwaʀ]	je veux	ich will		vous voulez	ihr wollt / Sie wollen
etw. wollen	tu veux	du willst			
	il veut / elle veut	er will / sie will	ils veulent / elles veulent	sie wollen	
	on veut	man will / wir wollen			

ne ... pas de [nəpɑdə]	kein/keine	Il ~'y a ~[4] lait dans le frigo.
le travail [lətʀavaj]	die Arbeit	Mes parents aiment leur ~.
trop de qc [tʀodə]	zu viel / zu viele	Ils mangent ~ bonbons.
le poulet [ləpulɛ]	das Hähnchen	On mange un ~.
les frites [lefʀit] *f. pl.*	die Pommes frites	J'achète un sachet de ~.
C'est cher! [sɛʃɛʀ]	Das ist teuer!	Je voudrais un VTT, mais ~.

assez de qc [asedə]   genügend   On a ~ jus d'orange?

un peu de fromage   assez de fromage   beaucoup de fromage   trop de fromage

l'argent [larʒɑ̃] *m.*	das Geld	Nous n'avons pas assez d'~.
formidable [fɔrmidabl] *adj.*	toll, großartig *Adjektiv*	Ma copine est ~.
comme [kɔm]	als	~ prof de sport elle est super!
le dessert [lədesɛr]	der Nachtisch	Tu veux un yaourt comme ~?
o.78 **3** **4** **combien (est-ce que)** [kɔ̃bjɛ̃]	wie viel / wie viele *Fragewort*	– Ils ont dix chats. – ~? Dix?

Fragewort + **est-ce que** + Aussagesatz + **?**.
Est-ce que-Fragen kannst du auch mit Fragewörtern bilden.
Du stellst das Fragewort vor **est-ce que** an den Anfang der Frage.

coûter qc [kute] 🇬🇧 to cost	etw. kosten *Verb auf* -er, *p. 126*	Un kilo de pommes ~⁵ deux euros.
Combien est-ce qu'ils coûtent? [kɔ̃bjɛ̃ɛskilkut]	Wie viel kosten sie?	Les sandwichs, ~?

1 prête   2 achètent   3 contente   4 n' … pas de   5 coûte

Banque de mots (facultatif)   AU MARCHÉ | AUF DEM MARKT

 un poivron
[ɛ̃pwavrɔ̃]

 une pistache
[ynpistaʃ]

 un kilo de pommes de terre
[ɛ̃kilodəpɔmdətɛr] *f. pl.*

 un kilo de cerises
[ɛ̃kilodəsəriz] *f. pl.*

 deux kilos de fraises
[døkilodəfrɛz] *f. pl.*

 un concombre
[ɛ̃kɔ̃kɔ̃br]

 une pastèque
[ynpastɛk]

 une escalope
[ynɛskalɔp]

 une saucisse
[ynsosis]

 une glace au citron / à la fraise / à la framboise [ynglasositrɔ̃/ alafrɛz/alafrɑ̃bwaz]

Module D

Die Module A-E sind unabhängige „Bausteine". Sie schließen an den Wortschatz der Unité 1 an.

| p. 90 | **le café** [ləkafe] | das Café, *auch:* der Kaffee | Nous sommes dans un ~ à Montmartre. |
| | **il prend / elle prend /** **on prend** [ilpʀɑ̃/ɛlpʀɑ̃/ɔ̃pʀɑ̃] | er nimmt / sie nimmt / man nimmt / wir nehmen | Il ~ un jus d'orange. |

prendre qc	je prend**s**	ich nehme	nous prenons	wir nehmen
[pʀɑ̃dʀ]	tu prend**s**	du nimmst	vous prenez	ihr nehmt /
etw. nehmen	il prend / elle prend	er nimmt / sie nimmt		Sie nehmen
	on prend	man nimmt / wir nehmen	ils pre**nn**ent / elles pre**nn**ent	sie nehmen

| | **prendre son temps** [pʀɑ̃dʀsɔ̃tɑ̃] | sich Zeit lassen | Le dimanche, on peut ~. |

Je prends mon temps.	Ich lasse mir Zeit.
Tu prends ton temps.	Du lässt dir Zeit.
Il/Elle prend son temps.	Er/Sie lässt sich Zeit.
On prend son temps.	Man lässt sich Zeit.
Nous prenons notre temps.	Wir lassen uns Zeit.
Vous prenez votre temps.	Ihr lasst Euch Zeit./Sie lassen sich Zeit.
Ils/Elles prennent leur temps.	Sie lassen sich Zeit.

!	**le coca / les coca** [ləkɔka/lekɔka]	die Cola	Ils prennent un ~.
	le jus de pomme [ləʒydəpɔm]	der Apfelsaft	Vous prenez un ~?
	le café crème [ləkafekʀɛm]	der Milchkaffee	Les parents prennent des ~[1].
	comprendre qn/qc [kɔ̃pʀɑ̃dʀ]	jdn/etw. verstehen *wird wie prendre konjugiert*	Pardon? Je ne ~[2] pas.
	l'addition [ladisjɔ̃] *f.*	die Rechnung	~, s'il vous plaît!
	la fois [lafwa]	das Mal	Alors, vous prenez deux ~ le poulet?
	quatre fois [katʀfwa]	viermal	Je regarde mes DVD ~.
	le menu [ləməny]	das Menü	On prend trois ~[3] et une bouteille d'eau minérale.
	le menu à quinze euros [ləmənyakɛ̃zøʀo]	das Menü für fünfzehn Euro	Je voudrais le ~, s'il vous plaît.
	la boisson [labwasɔ̃]	das Getränk	Qu'est-ce que tu prends comme ~?
	l'orangina [lɔʀɑ̃ʒina] *m.*	*französische Orangenlimonade*	J'ai soif. Je prends un ~.
	tout de suite [tutsɥit]	sofort	– Trois oranginas! – ~, monsieur.

Attention! [atɑ̃sjɔ̃]	Vorsicht!, Achtung!	~, j'ai une surprise pour toi!
Je suis désolé!/Je suis désolée! [ʒəsyidezɔle]	Es tut mir leid! *männl./weibl. Person*	Je suis en retard. ~[4]!

1 cafés crème   2 comprends   3 menus   4 Je suis désolé /désolée

Unité 5 | Texte

p. 92–93 **Vive Paris!** [vivpaʀi]	Es lebe Paris!	
faire son sac [fɛʀsɔ̃sak]	seine Tasche packen	Marie ~[1] parce qu'elle va aller chez sa sœur.
passer qc [pɑse]	*hier:* etw. verbringen *Verb auf* -er, *p. 126*	Je vais ~ le week-end à Bonn.

passer chez + Personen	**passer par** + Orte	**passer**

Il **passe chez** Louis. Er **kommt** bei Louis **vorbei**.	Ils **passent par** le super-marché. Sie **gehen** beim Supermarkt **vorbei**.	Je vais **passer** le week-end aux Deux-Alpes. Ich werde das Wochenende in Deux-Alpes **verbringen**.

demain [dəmɛ̃]	morgen	~, on va aller à Levallois.
la Fête de la musique [lafɛtdəlamyzik]	*französisches Musikfest am 21. Juni*	
Youpi! ['jupi]	Juhu!	~! C'est super!
le concert [ləkɔ̃sɛʀ]	das Konzert	Vous allez au ~ de Soha?
Grégoire [gʀegwaʀ]	*französischer Sänger* ▶ *Civilisation, p. 123*	
la place [laplas] 🇬🇧 place	der Platz	Je cherche la ~ de l'Europe.
la place de la Bastille [laplasdəlabastij]	*berühmter Platz in Paris* ▶ *Civilisation, p. 123*	
visiter qc [vizite] 🇬🇧 to visit	etw. besichtigen *Verb auf* -er, *p. 126*	On ~[2] le quartier?

le musée [ləmyze]	das Museum	Elles vont au ~.
le musée du quai Branly [ləmyzedykebʀãli]	*Museum in Paris* ▶ *Civilisation, p. 123*	
Montmartre [mõmaʀtʀ]	*Stadtviertel in Paris* ▶ *Civilisation, p. 123*	
le spectacle [ləspɛktakl]	die Vorführung, Aufführung	Il y a un ~ devant le musée.
le hip-hop [ləˈipɔp]	Hip Hop	Regardons le spectacle de ~.
le Centre Georges-Pompidou [ləsãtʀʒɔʀʒpõpidu]	*Kultur- und Medienzentrum in Paris* ▶ *Civilisation, p. 123*	
faire du shopping [fɛʀdyʃɔpiŋ]	shoppen, einkaufen	Je vais ~ et acheter des cadeaux.
les Halles [leal]	*Einkaufszentrum in Paris, ehemalige Markthallen* ▶ *Civilisation, p. 123*	J'adore faire du shopping aux ~.
le musée du Louvre [ləmyzedyluvʀ]	der Louvre *Museum in Paris* ▶ *Civilisation, p. 123*	– Où est «la Joconde»? – Elle est au ~.

1 fait son sac   2 visite

Banque de mots (facultatif)   **LES ACTIVITÉS** | **DIE FREIZEITAKTIVITÄTEN**

aller à Paris-Plage
[aleapaʀiplaʒ]

manger des frites au Jardin des plantes
[mãʒedefʀitoʒaʀdɛ̃deplãt]

aller au jardin du Luxembourg
[aleoʒaʀdɛ̃dylyksãbuʀ]

visiter la Géode
[vizitelaʒeɔd]

visiter le château de Versailles
[viziteləʃatodəveʀsaj]

manger une glace chez Berthillon
[mãʒeynglasʃebeʀtijõ]

faire un tour à vélib'
[fɛʀɛ̃tuʀavelib]

faire une balade en bateau-mouche [fɛʀynbaladãbatomuʃ]

faire une promenade sur l'île de la Cité
[fɛʀynpʀɔmənadsyʀlildəlasite]

monter sur la tour Eiffel
[mõtesyʀlatuʀɛfɛl]

Module E

Die Module A-E sind unabhängige „Bausteine". Sie schließen an den Wortschatz der Unité 1 an.

p.100 **cher/chère** [ʃɛʀ/ʃɛʀ] *adj.*	lieber/liebe *Persönliche Anrede bei Postkarte/Brief/E-Mail*	
mamie [mami]	Oma	Ma grand-mère s'appelle Simone, mais je dis «~».
plein de [plɛ̃də] *fam.*	viele	C'est son anniversaire. Sur la table, il y a ~ cadeaux.
le truc [lətʀyk] *fam.*	die Sache, das Ding	Dans mon sac, il y a plein de ~¹.
la ville [lavil]	die Stadt	J'aime la nature, mais j'aime aussi la ~.
le concert [ləkɔ̃sɛʀ]	das Konzert	
Il fait (super) beau. [ilfɛ(sypɛʀ)bo]	Das Wetter ist (super) schön.	À Marseille, ~.
hier [jɛʀ] ≠ demain	gestern	~, on a fait du shopping.
on a fait qc [ɔ̃nafɛ]	wir haben (etw.) gemacht	~ les devoirs.
le bateau / !les bateaux [ləbato/lebato]	das Boot, Schiff	À Hambourg, il y a plein de ~².
le tour en bateau [lətuʀɑ̃bato]	die Bootstour	Je voudrais faire un ~ sur le Rhône.
le bateau-mouche [ləbatomuʃ]	*Touristenschiff auf der Seine*	Sur la Seine, on peut faire un tour en ~.
C'était génial! [setɛʒenjal]	Das war genial!, Das war toll!	Hier, on a fait la fête. ~!
la chance [laʃɑ̃s]	das Glück	Tu vas à Paris. Quelle ~!
avoir de la chance [avwaʀdəlaʃɑ̃s]	Glück haben	Il fait super beau, on ~³!
je t'embrasse [ʒətɑ̃bʀas]	liebe Grüße, sei umarmt *Persönlicher Abschiedsgruß bei Postkarte/Brief/E-Mail*	Salut, ~.
p.101|4 **Il fait très beau.** [ilfɛtʀɛbo]	Das Wetter ist sehr gut.	~. Quelle chance!
Il ne fait pas très beau. [ilnəfɛpatʀɛbo]	Das Wetter ist nicht sehr gut.	~. C'est nul!
Il fait chaud. [ilfɛʃo]	Es ist heiß.	~. Je voudrais une glace.
Il fait froid. [ilfɛfʀwa]	Es ist kalt.	– Tu rentres? – Oui, ~.
Il fait soleil. [ilfɛsɔlɛj]	Die Sonne scheint.	~. Je vais à la piscine.
Il pleut. [ilplø]	Es regnet.	– Il ne fait pas beau, ~.

le centre-ville [ləsɑ̃tʀəvil]	die Innenstadt	Ils ont visité le ~ de Toulouse.
le tour en bus [lətuʀɑ̃bys]	die Stadtrundfahrt (mit dem Bus)	À Berlin et à Paris on peut faire un ~.
tu as fait qc [tyafɛ]	du hast (etw.) gemacht	– Papa, je peux regarder la télé? – ~ tes devoirs?
vous avez fait qc [vuzavefɛ]	ihr habt (etw.) gemacht	~ une pizza? Merci les enfants!
j'ai / on a [ʒɛ/ɔ̃na]	ich habe / wir haben *Hilfsverb*	

j'ai	ich habe		
tu as	du hast		
il a	er hat		
elle a	sie hat	**fait**	gemacht
on a	man hat/wir haben	**visité**	besichtigt
nous avons	wir haben	**acheté**	gekauft
vous avez	ihr habt/Sie haben	**mangé**	gegessen
ils ont	sie haben		
elles ont	sie haben		

C'était drôle/bon/trop bon. [setɛdʀol/bɔ̃/tʀobɔ̃]	Es war lustig/gut/zu gut.	On a fait la fête. ~⁴!
Ce n'était pas drôle / pas bon. [sənetɛpadʀol/pabɔ̃]	Es war nicht lustig / nicht gut.	Hier ~⁵. J'ai travaillé de huit à six heures.
donner le bonjour à qn [dɔneləbɔ̃ʒuʀa]	jdn grüßen lassen	
Donne le bonjour à tes parents. [dɔnləbɔ̃ʒuʀateparɑ̃]	Viele Grüße an deine Eltern.	
amicalement [amikalmɑ̃]	alles Liebe, wörtl.: freundschaftlich *Persönlicher Abschiedsgruß bei Postkarte/Brief/E-Mail*	
le bisou [ləbizu]	der Kuss	Je voudrais un ~ de Lucas.
bisous [bizu]	liebe Grüße, Küsschen *Persönlicher Abschiedsgruß bei Postkarte/Brief/ E-Mail*	
à bientôt [abjɛ̃to]	bis bald	Bisous et ~!

LISTE ALPHABÉTIQUE FRANÇAIS-ALLEMAND | FRANZÖSISCH-DEUTSCHE WORTLISTE

Hier findest du alle Wörter, die du in *À toi! 1B* neu lernst, sowie alle Wörter, die du aus *À toi! 1A* bereits kennst.
Die Angabe hinter dem Pfeil (→) verweist auf die Unité oder das Modul, in der die Vokabel zum ersten Mal vorkommt:
→ 2/A = Unité 2/Approches, → 2/D = Unité 2/Dialogue modèle, → 2/T = Unité 2/Texte, → MA = Module A.
Verben mit unregelmäßiger oder besonderer Konjugation sind rot hervorgehoben. Die Konjugation der Verben findest
du auf der Seite 126.

A

à [a] in
à bientôt [abjɛ̃to] bis bald → ME
à côté [akote] nebenan; à côté de
qn/qc [akotedə] neben jdm/etw.
à dix heures [adizœʀ] um zehn Uhr
à droite (de qn/qc) [adʀwatdə]
rechts (von jdm/etw.)
à gauche (de qn/qc) [agoʃdə] links
(von jdm/etw.)
à la maison [alamɛzɔ̃] zu Hause,
nach Hause → 4/T
à pied [apje] zu Fuß
À plus! [aplys] Bis bald!
à table [atabl] zu Tisch, beim Essen
À toi. [atwa] Du bist dran.
acheter qc [aʃəte] etw. kaufen
Konjugation S. 126 → 4/T
l' addition [ladisjɔ̃] f. die Rechnung
→ MD
adorer qn/qc [adoʀe] jdn/etw. sehr
mögen → 2/A
l' adresse [ladʀɛs] f. die Adresse
l' affiche [lafiʃ] f. das Poster
l' âge [lɑʒ] m. das Alter; Tu as quel
âge? [tyakɛlɑʒ] Wie alt bist du?
aimer qn/qc [eme] jdn/etw. mögen
→ 2/A
l' allemand [lalmɑ̃] m. Deutsch
→ 3/D; en allemand [ɑ̃nalmɑ̃] auf
Deutsch
aller [ale] gehen Konjugation S. 126
→ 2/T; aller au cinéma [aleosinema]
ins Kino gehen → 1/D; aller au
roller parc [aleoʀɔlœʀpaʀk] in den
Skatepark gehen → 1/D; aller chez
qn [aleʃe] zu jdm gehen → 3/T
Allô? [alo] Hallo? am Telefon
allumer qc [alyme] etw. anmachen,
einschalten → MC

alors [alɔʀ] also
l' alphabet [lalfabɛ] m. das Alphabet
l' ami m. / l'amie f. [lami] der/die
Freund/in
amicalement [amikalmɑ̃] alles Liebe,
wörtl.: freundschaftlich → ME
l' an [lɑ̃] m. das Jahr; J'ai onze ans.
[ʒɛɔ̃zɑ̃] Ich bin elf Jahre alt.
l' anglais [lɑ̃glɛ] m. Englisch → 3/D
l' animal m./les animaux pl.
[lanimal/lezanimo] das Tier
l' anniversaire [lanivɛʀsɛʀ] m. der
Geburtstag → 1/A; Joyeux anniversaire! [ʒwajøzanivɛʀsɛʀ] Alles Gute
zum Geburtstag! → 1/T
août [ut] August → 1/A
l' appartement [lapaʀtəmɑ̃] m. die
Wohnung
apporter qc [apɔʀte] etw. mitbringen → 1/T; apporter les cadeaux
[apɔʀtelekado] die Geschenke bringen → MA
après [apʀɛ] danach, nach zeitlich
l' après-midi [lapʀemidi] m. der
Nachmittag, am Nachmittag
→ 2/T
l' argent [laʀʒɑ̃] m. das Geld → 4/T
l' armoire [laʀmwaʀ] f. der Schrank
arriver [aʀive] kommen, ankommen → 1/T
les arts plastiques [lezaʀplastik] m. pl.
Kunst → 3/D
assez de qc [asedə] genügend
→ 4/T
l' atlas [latlɑs] m. der Atlas → 3/T
Attention! [atɑ̃sjɔ̃] Vorsicht!,
Achtung! → MD
Au revoir. [oʀəvwaʀ] Auf Wiedersehen.
aujourd'hui [oʒuʀdɥi] heute → 2/T

aussi [osi] auch; moi aussi
[mwaosi] ich auch
avec [avɛk] mit; avec moi
[avɛkmwa] mit mir → 1/T
l' avenue [lavny] f. die Allee
avoir de la chance [avwaʀdəlaʃɑ̃s]
Glück haben → ME
avoir qc [avwar] etw. haben
Konjugation S. 126; avoir cours
[avwaʀkur] Unterricht haben; avoir
faim [avwaʀfɛ̃] Hunger haben
→ 4/A; avoir le temps [avwaʀlətɑ̃]
Zeit haben → 2/T; avoir soif
[avwaʀswaf] Durst haben → 4/A;
J'ai onze ans. [ʒɛɔ̃zɑ̃] Ich bin elf
Jahre alt.; je n'ai pas [ʒənepɑ] +
Nomen ich habe etw. nicht
avril [avʀil] April → 1/A

B

la baguette [labagɛt] das Baguettebrot
la banane [labanan] die Banane
→ 4/A
le basket [ləbaskɛt] Basketball
le bateau / les bateaux pl.
[ləbato/lebato] das Boot, das Schiff
→ ME
le bateau-mouche [ləbatommuʃ]
Touristenschiff auf der Seine → ME
beaucoup de qc [bokudə] viel/viele
→ 4/A
le beau-père [ləbopɛʀ] der Stiefvater
→ MB
la bédé [labede] der Comic
la belle-mère [labɛlmɛʀ] die Stiefmutter → MB
le beurre [ləbœʀ] die Butter → 4/A
bien [bjɛ̃] adv. gut
bien sûr [bjɛ̃syʀ] klar, natürlich

le **bisou** [ləbizu] der Kuß, das Küßchen → ME

bisous [bizu] *m. pl.* liebe Grüße, Küßchen → ME

Bof! [bɔf] *fam.* Na ja.

la **boisson** [labwasɔ̃] das Getränk → MD

la **boîte** [labwat] die Schachtel

Bon appétit! [bɔnapeti], **Bon app'!** [bɔnap] *fam.* Guten Appetit!;

le **bonbon** [ləbɔ̃bɔ̃] das Bonbon → 4/A

Bonjour! [bɔ̃ʒuʀ] Guten Tag!, Guten Morgen!

la **bougie** [labuʒi] die Kerze → 1/T

la **boulangerie** [labulɑ̃ʒʀi] die Bäckerei

la **bouteille** [labutɛj] die Flasche → 4/A

la **brioche** [labʀijɔʃ] die Brioche

le **bureau de tabac** [ləbyʀodətaba] der Kiosk

le **bureau** / les **bureaux** *pl.* [ləbyʀo/lebyʀo] der Schreibtisch

le **bus** [ləbys] der Bus

C

ça [sa] das; **ça fait** [safɛ] + *Preisangabe* das kostet, das macht; **Ça sent bon.** [sasɑ̃bɔ̃] Das riecht gut!; **Ça sera tout?** [sasəʀatu] Ist das alles? → 4/D; **Et avec ça?** [eavɛksa] Noch etwas?

Ça va? [sava] Wie geht's? **Ça va.** [sava] Gut.

le **cadeau** / les **cadeaux** *pl.* [ləkado/lekado] das Geschenk → 1/T

le **café** [lekafe] das Café, der Kaffee → MD; le **café crème** [ləkafekʀɛm] der Milchkaffee → MD

le **cahier** [ləkaje] das Heft

la **cantine** [lakɑ̃tin] die Kantine → 3/A

le **carnaval** [ləkaʀnaval] der Karneval, der Fasching → MA

la **carte postale** [lakaʀtpɔstal] die Postkarte

le **CD** / les **CD** *pl.* [ləsede/lesede] die CD

le **CDI** [ləsedei] *(le centre de documentation et d'information)* die Schulbibliothek → 3/A

Ce n'est pas possible. [sənɛpapɔsibl] Das ist nicht möglich. → 1/T

Ce n'était pas drôle / pas bon. [sənetɛpadʀol/pabɔ̃] Es war nicht lustig/nicht gut. → ME

ce soir [səswaʀ] heute Abend

le **centime** [ləsɑ̃tim] der Cent

le **centre-ville** [ləsɑ̃tʀəvil] die Innenstadt → ME

c'est [sɛ] es ist, das ist; **C'est qui?** [sɛki] Wer ist das?; **ce sont** [səsɔ̃] das sind

C'est bête. [sɛbɛt] Das ist blöd. → 1/D

C'est bon! [sɛbɔ̃] Das ist lecker!, Die sind lecker!; **c'est ça** [sɛsa] richtig → 2/D; **C'est cher!** [sɛʃɛʀ] Das ist teuer! → 4/T; **C'est joli.** [sɛʒɔli] Das ist hübsch. → 1/T; **C'est la cata!** [sɛlakata] *fam.* Das ist schrecklich! → 3/D; **C'est l'horreur!** [sɛlɔʀœʀ] Das ist furchtbar!; **C'est mercredi.** [sɛmɛʀkʀədi] Es ist Mittwoch., Das ist am Mittwoch. → 2/T; **C'est nickel!** [sɛnikɛl] *fam.* Das ist perfekt! → 3/D; **C'est nul!** [sɛnyl] *fam.* Das ist doof! → 3/D; **C'est où?** [sɛu] Wo ist das?; **C'est tout.** [sɛtu] Das ist alles.

C'était drôle/bon/trop bon. [setɛdʀol/bɔ̃/tʀobɔ̃] Es war lustig/gut/zu gut. → ME

C'était génial! [seteʒenjal] Das war genial!, Das war toll! → ME

la **chaise** [laʃɛz] der Stuhl

la **chambre** [laʃɑ̃bʀ] das (Schlaf-)Zimmer

la **chance** [laʃɑ̃s] das Glück → ME; **Quelle chance!** [kɛlʃɑ̃s] Was für ein Glück! → 3/D

chanter [ʃɑ̃te] singen

le **chat** [ləʃa] die Katze

chatter [tʃate] chatten → 2/A

cher/chère [ʃɛʀ/ʃɛʀ] *adj.* lieber/liebe → ME

chercher qc [ʃɛʀʃe] etw. suchen **J'aime le cheval.** [ʒɛmləʃəval] Ich reite gern. → 2/A; le **cheval**/les **chevaux** *pl.* [ləʃəval/leʃəvo] das Pferd, das Reiten → 2/A

le **chewing-gum**/les **chewing-gums** *pl.* [ləʃwingɔm/leʃwingɔm] der Kaugummi

chez [ʃe] bei; **chez elle** [ʃezɛl] bei ihr, bei sich → 1/T; **chez moi/toi** [ʃemwa/ʃetwa] bei mir/dir (zu Hause) → 1/T; **passer chez qn** [paseʃe] bei jdm vorbeikommen, zu jdm gehen → 2/D

le **chien** [ləʃjɛ̃] der Hund

le **cinéma** [ləsinema] das Kino

la **cinquième** [lasɛ̃kjɛm] die siebte Klasse *wörtl.: die fünfte*

la **citrouille** [lasitʀuj] der Kürbis → MA

la **classe** [laklas] die Klasse, das Klassenzimmer; **en classe** [ɑ̃klas] im Klassenzimmer; le **français en classe** [ləfʀɑ̃sɛɑ̃klas] das Klassenraumfranzösisch; la **salle de classe** [lasaldəklas] das Klassenzimmer

la **clé** [lakle] der Schlüssel

la **cloche** [laklɔʃ] die Glocke → MA

le **club** [ləklœb] der Verein, der Klub; le **club de foot** [ləklœbdəfut] der Fußballverein

le **coca**/les **coca** [ləkɔka/lekɔka] die Cola → MD

le **cochon d'Inde** [ləkɔʃɔ̃dɛ̃d] das Meerschweinchen

le **collège** [ləkɔlɛʒ] das Collège *Schultyp* **coller dans le dos des gens** [kɔledɑ̃lədodeʒɑ̃] auf den Rücken der Leute kleben → MA

Ça fait combien? [safɛkɔ̃bjɛ̃] Wie viel kostet das?; **combien (est-ce que)** [kɔ̃bjɛ̃] wie viel / wie viele → 4/T; **Combien est-ce qu'ils coûtent?** [kɔ̃bjɛ̃ɛskilkut] Wie viel kosten sie? → 4/T

comme [kɔm] wie; **comme toujours** [kɔmtuʒuʀ] wie immer **commencer** [kɔmɑ̃se] anfangen, beginnen *Konjugation S. 126* → MC

comment (est-ce que) [kɔmɑ̃] wie *Fragewort*; **Comment ça va?** [kɔmɑ̃sava] Wie geht's?; **comment est-ce qu'on dit** [kɔmɑ̃ɛskɔ̃di] wie sagt man; **Tu t'appelles comment?** [tytapɛlkɔmɑ̃] Wie heißt du? **comprendre qn/qc** [kɔ̃pʀɑ̃dʀ] jdn/etw. verstehen *wie prendre, S. 126* → MD

le **concert** [ləkɔ̃sɛʀ] das Konzert → 5/T

la **confiture** [lakɔ̃fityʀ] die Marmelade, die Konfitüre → 4/A la **console** [lakɔ̃sɔl] die (Spiel-)Konsole

content/e [kɔ̃tɑ̃/kɔ̃tɑ̃t] zufrieden, glücklich → 4/T

le **copain** / la **copine** [ləkɔpɛ̃/lakɔpin] *fam.* der/die Freund/in

corriger qc [kɔriʒe] etw. korrigieren → 3/T

Coucou! [kuku] Kuckuck!

le **couloir** [ləkulwar] der Flur

la **cour** [lakur] der (Schul-)Hof

le **cours** [ləkur] der Unterricht, der Kurs; **avoir cours** [avwarkur] Unterricht haben

le **cousin** / la **cousine** [ləkuzɛ̃/lakuzin] der Cousin/die Cousine

coûter qc [kute] etw. kosten → 4/T

Combien est-ce qu'ils coûtent? [kɔ̃bjɛ̃ɛskilkut] Wie viel kosten sie? → 4/T

le/la **CPE** [ləsepeə/lasepeə] der/die Schulbetreuer/in → 3/T

la **craie** [lakrɛ] die Kreide

le **croissant** [ləkrwasɑ̃] das Croissant

la **cuisine** [lakɥizin] die Küche; **faire la cuisine** [fɛrlakɥizin] kochen → 2/A

le **cybercafé** [ləsiberkafe] das Internetcafé

D

d'abord [dabɔr] vorher, zuerst → 2/D

d'accord [dakɔr] einverstanden; **être d'accord** [ɛtrdakɔr] einverstanden sein → 1/D

dans [dɑ̃] in, auf

la **danse** [ladɑ̃s] das Tanzen, der Tanz

danser [dɑ̃se] tanzen → 1/D

de [də] von

décembre [desɑ̃br] Dezember → 1/A

décorer le sapin et la maison [dekɔreləsapɛ̃elamɛzɔ̃] den Weihnachtsbaum und das Haus schmücken → MA

déjà [deʒa] schon, bereits → 1/T

demain [dəmɛ̃] morgen → 5/T

demi/e [dəmi] halb → 3/A

Dépêche-toi. [depɛʃtwa] Beeil dich!

derrière [dɛrjɛr] hinter

le **dessert** [lədesɛr] der Nachtisch → 4/T

dessiner qc [desine] etw. zeichnen

→ 2/A

devant [dəvɑ̃] vor *räumlich*

les **devoirs** [ledəvwar] *m. pl.* die Hausaufgaben → 1/T

dimanche [dimɑ̃ʃ] Sonntag, am Sonntag → 1/A

le **dîner** [lədine] das Abendessen → 4/T

distribuer qc [distribɥe] etw. verteilen, austeilen → MC

donner le bonjour à qn [dɔneləbɔ̃ʒura] jdn grüßen lassen → ME

le **DVD** / les **DVD** *pl.* [lədevede/ledevede] die DVD

E

l' **eau** [lo] *f.* das Wasser → 4/A

l' **eau minérale** [lomineral] *f.* das Mineralwasser → 4/A

l' **école** [lekɔl] *f.* die Schule → 2/T

écouter qn/qc [ekute] jdm zuhören, etw. anhören

l' **EPS (l'éducation physique et sportive)** [løpeɛs] der Sportunterricht → 3/D

l' **élève** [lelɛv] *m./f.* der/die Schüler/in

l' **emploi du temps** [lɑ̃plwadytɑ̃] der Stundenplan → 3/D

en [ɑ̃] in; **en Allemagne** [ɑ̃nalmaɲ] in Deutschland; **en classe** [ɑ̃klas] im Klassenzimmer; **en français** [ɑ̃frɑ̃sɛ] auf Französisch; **en français, c'est** [ɑ̃frɑ̃sɛsɛ] das heißt auf Französisch; **en juillet** [ɑ̃ʒɥijɛ] im Juli → 2/T; **en sixième** [ɑ̃sizjɛm] in der sechsten Klasse

en groupe [ɑ̃grup] in Gruppen → MC

encore [ɑ̃kɔr] noch

l' **enfant** [lɑ̃fɑ̃] *m./f.* das Kind

ensemble [ɑ̃sɑ̃bl] zusammen

entre [ɑ̃tr] zwischen

entrer [ɑ̃tre] hineingehen → 3/T

est-ce que [ɛskə] *Fragepartikel* → 1/A

et [e] und; **Et avec ça?** [eavɛksa] Noch etwas?; **Et toi?** [etwa] Und du?; **Et vous?** [evu] Und ihr?, Und Sie?

Et alors? [ealɔr] Na und?

→ 1/D

l' **étagère** [letaʒɛr] *f.* das Regal

être [ɛtr] sein *Konjugation S. 126*; **être de** [ɛtrdə] aus *(Ortsname)* sein; **être en retard** [ɛtrɑ̃rətar] zu spät sein → 3/T; **Tu es d'où?** [tyɛdu] Woher kommst du?

l' **euro** [løro] *m.* der Euro

Excusez-moi. [ɛkskyzemwa] Entschuldigt!/Entschuldigen Sie!

l' **ex-femme** [lɛksfam] *f.* die Exfrau → MB

l' **ex-mari** [lɛksmari] *m.* der Exmann → MB

l' **exposé** [lɛkspoze] *m.* das Referat, der Vortrag → 2/T

F

la **faim** [lafɛ̃] der Hunger → 4/A; **avoir faim** [avwarfɛ̃] Hunger haben → 4/A

faire qc [fɛr] etw. machen *Konjugation S. 126* → 1/T; **Ça fait combien?** [safɛkɔ̃bjɛ̃] Wie viel kostet das?; **faire du shopping** [fɛrdyʃɔpiŋ] shoppen, einkaufen → 5/T; **faire la cuisine** [fɛrlakɥizin] kochen → 2/A; **faire la fête** [fɛrlafɛt] feiern → 1/T; **faire le numéro de qn** [fɛrlənymerodə] jds Nummer wählen → 1/T; **faire son sac** [fɛrsɔ̃sak] seine Tasche packen → 5/T; **faire un gâteau** [fɛrɛ̃gato] einen Kuchen backen → 1/T; **Il fait (super) beau.** [ilfɛsyperbo] Das Wetter ist (super) schön. → ME

la **famille** [lafamij] die Familie

fastoche [fastɔʃ] *fam.* leicht, einfach

la **faute** [lafot] der Fehler → 3/T

la **femme** [lafam] die Frau, Ehefrau → MB

la **fenêtre** [lafənɛtr] das Fenster

fermer (qc) [fɛrme] (etw.) schließen, zumachen → MC

la **fête** [lafɛt] die Feier, die Party → 1/A; **faire la fête** [fɛrlafɛt] feiern → 1/T; la **fête-surprise** [lafɛtsyrpriz] die Überraschungsparty → 1/T

la **fête des Rois** [lafɛtderwa] Heilige Drei Könige → MA

la **fête nationale** [lafɛtnasjɔnal] der Nationalfeiertag → MA

le **feu d'artifice** [ləfødaʀtifis] das Feuerwerk → MA

la **feuille** [lafœj] das Blatt → 3/T

le **feutre** [ləføtʀ] der Filzstift → MC

la **fève** [lafɛv] *kleine Porzellan- oder Plastikfigur* → MA

février [fevʀije] Februar → 1/A

la **fille** [lafij] die Tochter

le **fils** [ləfis] der Sohn

la **fois** [lafwa] das Mal → MD

le **foot** [ləfut] Fußball; le **club de foot** [ləklœbdəfut] der Fußballverein; **jouer au foot** [ʒweofut] Fußball spielen → 1/D

formidable [fɔʀmidabl] *adj.* toll, großartig → 4/T

français [fʀɑ̃sɛ] französisch; **en français** [ɑ̃fʀɑ̃sɛ] auf Französisch; **en français, c'est** [ɑ̃fʀɑ̃sɛsɛ] das heißt auf Französisch; le **français en classe** [ləfʀɑ̃sɛɑ̃klas] das Klassenraumfranzösisch

le **frère** [ləfʀɛʀ] der Bruder

des **frères et sœurs** [defʀɛʀesœʀ] Geschwister

le **frigo** [ləfʀigo] *fam.* der Kühlschrank → 4/A

les **frites** [lefʀit] *f. pl.* die Pommes frites → 4/T

le **fromage** [ləfʀɔmaʒ] der Käse → 4/A

les **fruits** [lefʀɥi] *m. pl.* das Obst → 4/A; le **fruit** [ləfʀɥi] die Frucht → 4/A

G

la **galette des Rois** [lagalɛtdeʀwa] der Dreikönigskuchen → MA

le **garçon** [ləgaʀsɔ̃] der Junge

le **gâteau** / les **gâteaux** *pl.* [ləgato/legato] der Kuchen → 1/T; **faire un gâteau** [feʀɛ̃gato] einen Kuchen backen → 1/T; **génial** [ʒenjal] *adj. fam.* genial, toll → 1/D

la **géographie** [laʒeografi] die Geographie, die Erdkunde → 3/D

la **glace** [laglas] das Eis → 4/D; la **glace à la vanille** [laglasalavanij] das Vanilleeis → 4/D; la **glace vanille-chocolat** [laglasvanijʃɔkɔla] das Schokoladen-Vanilleeis → 4/D

la **glace au chocolat** [laglasoʃɔkɔla] das Schokoladeneis → 4/D

la **grand-mère**/les **grands-mères** *pl.* [lagʀɑ̃mɛʀ/legʀɑ̃mɛʀ] die Großmutter

le **grand-père**/les **grands-pères** *pl.* [ləgʀɑ̃pɛʀ/legʀɑ̃pɛʀ] der Großvater

les **grands-parents** [legʀɑ̃paʀɑ̃] *m. pl.* die Großeltern

le **groupe** [ləgʀup] die Gruppe → MC

le **gymnase** [ləʒimnaz] die Turnhalle → 3/A

H

habiter [abite] wohnen; **Tu habites où?** [tyabitu] Wo wohnst du?

le **hamster** [lə'amstɛʀ] der Hamster

l' **heure** [lœʀ] *f.* die Stunde → 2/D; **À quelle heure?** [akelœʀ] Um wie viel Uhr? → 2/D; **Il est huit heures.** [ilɛɥitœʀ] Es ist acht Uhr. → 3/A; **Il est quelle heure?** [ilɛkɛlœʀ] Wie spät ist es? → 3/A

hier [jɛʀ] gestern → ME

le **hip-hop** [lə'ipɔp] Hip Hop → 5/T

l' **histoire** [listwaʀ] *f.* die Geschichte, die Erzählung → 3/D

l' **histoire-géo** [listwaʀʒeo] *f. fam.* Schulfach, etwa Geschichte-Erdkunde → 3/D

le **hobby**/les **hobbys** *pl.* [lə'ɔbi/le'ɔbi] das Hobby

l' **hôtel** [lotɛl] *m.* das Hotel

I

ici [isi] hier → 1/T

l' **idée** [lide] *f.* die Idee → 1/D

Il fait chaud. [ilfɛʃo] Es ist heiß. → ME

Il fait froid. [ilfɛfʀwa] Es ist kalt. → ME

Il fait soleil. [ilfɛsɔlɛj] Die Sonne scheint. → ME

Il fait très beau. [ilfɛtʀɛbo] Das Wetter ist sehr gut. → ME

Il ne fait pas très beau. [ilnəfɛpatʀɛbo] Das Wetter ist nicht sehr gut. → ME

Il pleut. [ilplø] Es regnet. → ME

il y a [ilja] es gibt

l' **infirmerie** [lɛ̃fiʀməʀi] *f.* die Krankenstation → 3/A

Internet [ɛ̃tɛʀnɛt] das Internet → 2/T

l' **interro** [lɛ̃teʀo] *f. fam., ou* l'**interrogation** [lɛ̃teʀogasjɔ̃] *f.* der Test, die Klassenarbeit → 3/T; l'**interro-surprise** [lɛ̃teʀosyʀpʀiz] *f. fam.* der unangekündigte Test → 3/T

inviter qn [ɛ̃vite] jdn einladen → 1/T

J

j'adore [ʒadɔʀ] + *Nomen* ich mag jdn/etw. sehr, ich finde jdn/etw. toll

j'ai [ʒɛ] ich habe

J'ai froid. [ʒɛfʀwa] Mir ist kalt. → MC

j'aime [ʒɛm] + *Nomen* ich mag, liebe jdn/etw.; **j'aime beaucoup** [ʒɛmboku] + *Nomen* ich mag jdn/etw. sehr; **j'aime bien** [ʒɛmbjɛ̃] + *Nomen* ich mag jdn/etw. gerne; **je n'aime pas** [ʒənɛmpa] + *Nomen* ich mag jdn/etw. nicht; **je n'aime pas trop** [ʒənɛmpatʀo] + *Nomen* ich mag jdn/etw. nicht besonders; **Qu'est-ce que tu aimes?** [kɛskətyɛm] Was magst du?; **Qu'est-ce que tu n'aimes pas?** [kɛskətynɛmpa] Was magst du nicht?

le **jambon** [ləʒɑ̃bɔ̃] der Schinken → 4/D

janvier [ʒɑ̃vje] Januar → 1/A

je n'ai pas mon/ma/mes [ʒənɛpamɔ̃/ma/me] ich habe meinen/meine/mein ... nicht

je déteste [ʒədetɛst] + *Nomen* ich hasse jdn/etw.

je m'appelle [ʒəmapɛl] ich heiße; **Tu t'appelles comment?** [tytapɛlkɔmɑ̃] Wie heißt du?

Je ne comprends pas. [ʒənəkɔ̃pʀɑ̃pa] Ich verstehe nicht.

Je ne sais pas. [ʒənəsepa] Ich weiß nicht.

Je peux aller aux toilettes? [ʒəpøaleotwalɛt] Darf ich auf die Toilette gehen?

Je peux me laver les mains? [ʒəpøməlavelemɛ̃] Kann ich mir die Hände waschen? → MC

Je peux me mettre à côté de …? [ʒəpØməmɛtʀakotedə] + *Name* Darf ich mich neben (Name) setzen? → MC

Je suis désolé!/Je suis désolée! [ʒəsɥidezɔle/ʒəsɥidezɔle] Es tut mir leid! → MD

Je suis en retard. [ʒəsɥizãʀətaʀ] Ich bin zu spät.

je t'embrasse [ʒətãbʀas] liebe Grüße, sei umarmt → ME

je voudrais [ʒəvudʀɛ] + *Nomen* ich möchte, ich hätte gern etw.

le **jeu vidéo** / les **jeux vidéo** *pl.* [ləʒØvideo/leʒØvideo] das Videospiel

jeudi [ʒØdi] Donnerstag, am Donnerstag → 1/A

les **jeunes** [leʒœn] *m./f. pl.* die Jugendlichen

jouer au foot [ʒweofut] Fußball spielen → 1/D

le **jour** [ləʒuʀ] der Tag → 3/D

le **journal**/les **journaux** *pl.* [ləʒuʀnal/leʒuʀno] die Zeitung

Joyeux anniversaire! [ʒwajØzanivɛʀsɛʀ] Alles Gute zum Geburtstag! → 1/T

juillet [ʒɥijɛ] Juli → 1/A

juin [ʒɥɛ̃] Juni → 1/A

le **jus de pomme** [ləʒydəpɔm] der Apfelsaft → MD

le **jus d'orange** [ləʒydɔʀãʒ] der Orangensaft → 4/A

K

le **kilo** [ləkilo] das Kilo → 4/A

L

là [la] da, dort

le **lait** [ləlɛ] die Milch → 4/A

le **lecteur mp3** [ləlɛktœʀɛmpetʀwa] der MP3-Player

les **légumes** [lelegym] das Gemüse → 4/T

la **librairie** [lalibʀɛʀi] die Buchhandlung

Lisez. [lize] Lest!/Lesen Sie!

le **lit** [ləli] das Bett

le **litre** [ləlitʀ] der Liter → 4/A

le **livre** [ləlivʀ] das Buch

la **lumière** [lalymjɛʀ] das Licht → MC

lundi [lɛ̃di] Montag, am Montag → 1/A; **le lundi** [ləlɛ̃di] montags, jeden Montag → 3/D

M

madame [madam] *Anrede für eine Frau*

le **magasin** [ləmagazɛ̃] das Geschäft

le **magazine** [ləmagazin] die Zeitschrift

mai [mɛ] Mai → 1/A

maintenant [mɛ̃tənã] jetzt

mais [mɛ] aber

la **maison** [lamɛzɔ̃] das Haus → 4/T

il/elle est malade [il/ɛlɛmalad] er/sie ist krank → MC

maman [mamã] Mama

mamie [mami] Oma → ME

le **manga** [ləmãga] das Manga

manger qc [mãʒe] etw. essen *Konjugation S. 126*

marcher [maʀʃe] gehen, funktionieren → 3/T

mardi [maʀdi] Dienstag, am Dienstag → 1/A

le **mari** [ləmaʀi] der Mann, Ehemann → MB

mars [maʀs] März → 1/A; **le 21 mars** [ləvɛ̃teɛ̃maʀs] am 21. März → 1/A

les **maths** [lemat] *f. pl. fam.* Mathe, Mathematik → 3/D

la **médiathèque** [lamedjatɛk] die Mediathek

même [mɛm] sogar

le **menu** [ləməny] das Menü → MD; **le menu à quinze euros** [ləmənyakɛ̃zØʀo] das Menü für fünfzehn Euro → MD

merci [mɛʀsi] danke

mercredi [mɛʀkʀədi] Mittwoch, am Mittwoch → 1/A

la **mère** [lamɛʀ] die Mutter

le **message** [ləmesaʒ] die Nachricht → 4/T

le **métro** [ləmetʀo] die U-Bahn

midi [midi] 12 Uhr mittags → 3/A

la **minute** [laminyt] die Minute → 3/T

le **miroir** [ləmiʀwaʀ] der Spiegel

moi [mwa] ich, mir *betont*; **moi aussi** [mwaosi] ich auch; **moi non plus** [mwanɔ̃ply] ich auch nicht;

moi, c'est [mwasɛ] + *Name* ich bin; **pour moi** [puʀmwa] für mich

moins [mwɛ̃] vor *zeitlich*, minus → 3/A

monsieur [məsjØ] *Anrede für einen Mann*

la **montre** [lamɔ̃tʀ] die (Armband-) Uhr → 3/T

le **mot** [ləmo] das Wort

le **mot d'excuse** [ləmodɛkskyz] der Entschuldigungszettel → 3/T

le **mur** [ləmyʀ] die Wand, die Mauer; **le mur peint** [ləmyʀpɛ̃] die bemalte Wand

le **musée** [ləmyze] das Museum → 5/T

la **musique** [lamyzik] Musik → 3/D

N

la **nature** [lanatyʀ] die Natur → 2/A

le **navigo** [lənavigo] *Monatskarte (Paris)*

ne … pas [nəpa] nicht → 1/T; **ne … pas de** [nəpadə] kein/keine → 4/T; **ne … pas encore** [nəpazãkɔʀ] noch nicht → 2/T

Noël [nɔɛl] Weihnachten → MA

le **nom** [lənɔ̃] der Name

non [nɔ̃] nein; **Non?** [nɔ̃] Oder?, Nicht?

noter qc [nɔte] etw. aufschreiben → 3/T

Nous avons terminé. [nuzavɔ̃tɛʀmine] Wir sind fertig. → MC

le **nouvel an**/le **jour de l'an** [lənuvɛlã/ləʒuʀdəlã] Neujahr → MA

novembre [nɔvãbʀ] November → 1/A

la **nuit** [lanɥi] die Nacht, nachts

le **numéro** [lənymeʀo] die Nummer → 1/T; **faire le numéro de qn** [fɛʀlənymeʀodə] jds Nummer wählen → 1/T

O

octobre [ɔktɔbʀ] Oktober → 1/A

l' **œuf** *m.*/les **œufs** *pl.* [lœf/lezØ] das Ei → 4/A

les **œufs en chocolat** [lezØãʃɔkɔla] die Schokoladeneier → MA

on a fait qc [ɔ̃nafɛ] wir haben (etw.) gemacht → ME

On est trois. [ɔ̃nɛtʀwa] Wir sind zu dritt. → MC

on peut [ɔ̃pø] man kann, wir können → MC

l' **oncle** [lɔ̃kl] *m.* der Onkel

l' **orange** [lɔʀɑʒ] *f.* die Apfelsine, die Orange → 4/A

l' **orangina** [lɔʀɑ̃ʒina] *m. französische Orangenlimonade* → 4/D

l' **ordinateur** [lɔʀdinatœʀ] *m.* der Computer, der PC

organiser qc [ɔʀganize] etw. organisieren → 1/A

ou [u] oder → 1/T

où [u] wo; **Tu es d'où?** [tyɛdu] Woher kommst du?

oui ['wi] ja

Ouvrez. [uvʀe] Öffnet!/Öffnen Sie!, Macht auf!/Machen Sie auf!

P

la **page** [lapaʒ] die Seite

le **pain au chocolat** [ləpɛ̃oʃɔkɔla] das Schokocroissant

papa [papa] Papa

papi [papi] Opa → MB

Pâques [pɑk] *f. pl.* Ostern → MA

le **parc** [ləpaʀk] der Park

parce que [paʀskə] weil → 3/T

Pardon! [paʀdɔ̃] Verzeihung!, Entschuldigung!

les **parents** [lepaʀɑ̃] *m. pl.* die Eltern; **Mes parents sont séparés.** [mepaʀɑ̃sɔ̃separe] Meine Eltern leben getrennt. → MB

parler [paʀle] reden, sprechen; **Parle plus fort!** [paʀlplyfɔʀ] Sprich lauter!; **parler allemand** [paʀlealmɑ̃] Deutsch sprechen; **parler français** [paʀlefʀɑ̃sɛ] Französisch sprechen

pas mal [pɑmal] nicht schlecht → 2/T

passer chez qn [paseʃe] bei jdm vorbeikommen, zu jdm gehen → ?/D; **passer par qc** [pasepaʀ] bei etw. vorbeigehen; **passer qc** [pase] etw. verbringen → 5/T; **tu me passes** [tyməpas] + *Nomen* gibst du mir, reichst du mir etw.

le **patinage** [ləpatinaʒ] das Schlittschuhlaufen

le **père** [ləpɛʀ] der Vater

le **père Noël** [ləpɛʀnɔɛl] der Weihnachtsmann → MA

en permanence [ɑ̃pɛʀmanɑ̃s] im Aufenthaltsraum → 3/A

la **perruche** [lapɛʀyʃ] der Wellensittich

la **petite-fille** [lapətitfij] die Enkelin → MB

le **petit-fils** [ləpətifis] der Enkel → MB

un **peu** [ɛ̃pø] ein wenig, ein bisschen; **un peu de qc** [ɛ̃pødə] ein wenig → 4/A

peut-être [pøtɛtʀ] vielleicht → 1/D

la **photo** [lafɔto] das Foto

la **phrase** [lafʀɑz] der Satz

la **physique** [lafizik] Physik → 3/D

le **pied** [ləpje] der Fuß; **à pied** [apje] zu Fuß

le **ping-pong** [ləpiŋpɔ̃g] Tischtennis

la **piscine** [lapisin] das Schwimmbad → 2/D

la **pizza** [pidza] die Pizza → 1/D

la **place** [laplas] der Platz → 5/T

la **planète** [laplanɛt] der Planet, die Welt → 3/A

plein de [plɛ̃də] *fam.* viele → ME

la **poche** [lapɔʃ] die Tasche; **C'est dans la poche.** [sedɑ̃lapɔʃ] *fam.* Das geht klar.

le **poisson d'avril** [ləpwasɔ̃davril] der Aprilscherz → MA

la **pomme** [lapɔm] der Apfel → 4/A

le **portable** [ləpɔʀtabl] das Handy

la **porte** [lapɔʀt] die Tür

le **poster** [ləpɔstɛʀ] das Poster

le **pot (+ de confiture)** [ləpo] das (Marmeladen-)Glas → 4/A

le **poulet** [ləpulɛ] das Hähnchen → 4/T

pour [puʀ] für → 1/D; **pour moi** [puʀmwa] für mich

pourquoi [puʀkwa] warum → 3/T

pouvoir qc [puvwar] etw. können *Konjugation S. 126* → 3/T

le **premier/la première** [ləpʀəmje/lapʀəmjɛʀ] der erste/die erste → 1/A

prendre qc [pʀɑ̃dʀ] etw. nehmen → MD; **prendre son temps** [pʀɑ̃dʀsɔ̃tɑ̃] sich Zeit lassen → MD

préparer qc [pʀepaʀe] etw. vorbereiten, zubereiten → 2/T

près de [pʀedə] in der Nähe von

la **présentation** [lapʀezɑ̃tasjɔ̃] die Präsentation → MC

prêt/e [pʀɛ/pʀɛt] fertig, bereit → 4/T

le **problème** [ləpʀɔblɛm] das Problem → 1/D

le/la **prof** [ləpʀɔf/lapʀɔf] *fam., ou* le/la **professeur** [ləpʀɔfɛsœʀ/lapʀɔfɛsœʀ] der/die Lehrer/in; le/la **prof de français** [lə/lapʀɔfdəfʀɑ̃sɛ] der/die Französischlehrer/in

P.-S. [peɛs] PS *Nachtrag in Brief oder E-Mail*

Q

le **quad** [ləkwad] *Geländefahrzeug* → 2/T

quand [kɑ̃] wann → 1/A

quand même [kɑ̃mɛm] trotzdem → 2/T

le **quart** [ləkaʀ] das Viertel, die Viertelstunde → 3/A

le **quartier** [ləkaʀtje] das Viertel

quatre fois [katʀfwa] viermal → MD

Quelle chance! [kɛlʃɑ̃s] Was für ein Glück! → 3/D

qu'est-ce que *Fragewort* [kɛskə] was; **Qu'est-ce que c'est?** [kɛskəsɛ] Was ist das?; **Qu'est-ce que tu aimes?** [kɛskətyɛm] Was magst du?; **Qu'est-ce que tu n'aimes pas?** [kɛskətynɛmpa] Was magst du nicht?; **Qu'est-ce qu'il y a?** [kɛskilja] Was gibt es?

la **question** [lakɛstjɔ̃] die Frage

qui [ki] wer; **C'est qui?** [sɛki] Wer ist das?

la **quiche** [lakiʃ] die Quiche → 4/T; la **quiche aux légumes** [lakiʃolegym] die Gemüse-Quiche → 4/T

R

ranger qc [ʀɑ̃ʒe] etw. aufräumen *Konjugation S. 126*

le **rap** [ləʀap] der Rap

la **récré** [laʀekʀe] *fam., ou* la **récréation** [laʀekʀeasjɔ̃] die Pause

regarder qc [ʀəgaʀde] etw. ansehen, anschauen; **regarder** [ʀəgaʀde] nachsehen; **regarder la**

télé [ʀəgaʀdelatele] fernsehen → 2/A

la **rentrée** [laʀɑ̃tʀe] der Schulanfang **rentrer** [ʀɑ̃tʀe] nach Hause gehen **je répète** [ʒəʀepɛt] ich wiederhole → 2/D; **Répétez.** [ʀepete] Sprecht nach!/Sprechen Sie nach!, Wiederholt!/Wiederholen Sie!; **Vous pouvez répéter, s'il vous plaît?** [vupuveʀepetesilvuplɛ] Können Sie das bitte wiederholen? **Répondez.** [ʀepɔ̃de] Antwortet! / Antworten Sie!

la **réponse** [laʀepɔ̃s] die Antwort → 3/T **être en retard** [ɛtʀɑ̃ʀətaʀ] zu spät sein → 3/T **Retournez à vos places.** [ʀətuʀneavɔplas] Geht zurück auf eure Plätze!, Gehen Sie zurück auf Ihre Plätze! → MC

le **réveillon (de la Saint-Sylvestre)** [ləʀevɛjɔ̃] Silvester → MA; le **réveillon (de Noël)** [ləʀevɛjɔ̃] Heiligabend → MA **rêver** [ʀeve] träumen → 1/T

le **roi**/la **reine** [ləʀwa/laʀɛn] der König/die Königin → MA

le **roller parc** [ləʀɔlœʀpaʀk] der Skatepark

la **rue** [laʀy] die Straße

S

le **sac** [ləsak] die Tasche; **faire son sac** [fɛʀsɔ̃sak] seine Tasche packen → 5/T; le **sac à dos** [ləsakado] der Rucksack; le **sac de sport** [ləsakdəspɔʀ] die Sporttasche

le **sachet** [ləsaʃɛ] der Beutel, die Tüte → 4/A

la **salade** [lasalad] der Salat

la **salle de bains** [lasaldəbɛ̃] das Badezimmer

la **salle de classe** [lasaldəklɑs] das Klassenzimmer

la **salle de permanence** [lasaldəpɛʀmanɑ̃s] Aufenthaltsraum für Schüler, die keinen Unterricht haben → 3/A

la **salle des professeurs** [lasaldepʀɔfesœʀ] das Lehrerzimmer → 3/A

le **salon** [ləsalɔ̃] das Wohnzimmer **Salut!** [saly] Hallo!, Tschüss!

samedi [samdi] Samstag, am Samstag → 1/A

le **sandwich** [ləsɑ̃dwiʃ] das Sandwich → 4/D

le **sapin** [ləsapɛ̃] die Tanne, der Weihnachtsbaum → MA; **décorer le sapin et la maison** [dekɔʀeləsapɛ̃elamɛzɔ̃] den Weihnachtsbaum und das Haus schmücken → MA

le **secrétariat** [ləsəkʀetaʀja] das Sekretariat → 3/A

la **semaine** [lasəmɛn] die Woche → 2/T **septembre** [sɛptɑ̃bʀ] September → 1/A **Servez-vous!** [sɛʀvevu] Bedient euch!/Bedienen Sie sich!, Nehmt euch!/Nehmen Sie sich! **s'il te plaît** [siltəplɛ] bitte *für Personen, die du duzt*; **s'il vous plaît** [silvuplɛ] bitte *für mehrere Personen oder eine Person, die du siezt*

la **sixième** [lasizjɛm] die sechste (Klasse); **en sixième** [ɑ̃sizjɛm] in der sechsten Klasse

le **skate** [ləskɛt] das Skateboardfahren, das Skateboard → 2/A

la **sœur** [lasœʀ] die Schwester

la **soif** [laswaf] der Durst → 4/A; **avoir soif** [avwaʀswaf] Durst haben → 4/A **sonner** [sɔne] klingeln → 2/T **sous** [su] unter **souvent** [suvɑ̃] oft

les **spaghettis** [lespageti] *m. pl.* die Spaghetti → 2/A

le **spectacle** [ləspɛktakl] die Vorführung, die Aufführung → 5/T

le **sport** [ləspɔʀ] der Sport

le **stade** [ləstad] das Stadion

le **stage** [ləstaʒ] der Workshop, der Kurs → 2/T

le **stylo** [ləstilo] der Stift

le **sujet** [ləsyʒɛ] das Thema → MC **Super!** [sypɛʀ] *fam.* Super!

le **supermarché** [ləsypɛʀmaʀʃe] der Supermarkt **sur** [syʀ] auf; **20 sur 20** [vɛ̃syʀvɛ̃] 20 von 20 (Punkten) → 3/T **surfer** [sœʀfe] surfen → 2/T

la **surprise** [lasyʀpʀiz] die Überraschung → 1/T; la **fête-surprise** [lafɛtsyʀpʀiz] die Überraschungsparty → 1/T

le **surveillant**/la **surveillante** [ləsyʀvejɑ̃/lasyʀvejɑ̃t] die Aufsichtsperson *in Schulen*

les **SVT (les Sciences de la vie et de la terre)** [ɛsvete] *f. pl.* Biologie → 3/D **sympa** [sɛ̃pa] *fam. adj., ou* **sympathique** [sɛ̃patik] *adj.* sympathisch, nett; **super sympa** [sypɛʀsɛ̃pa] *adj. fam.* supernett, sehr sympathisch;

T

la **table** [latabl] der Tisch; **à table** [atabl] zu Tisch, beim Essen

le **tableau** / les **tableaux** [lətablo/letablo] die Tafel

la **tante** [latɑ̃t] die Tante

la **tartine** [lataʀtin] das Butterbrot, das belegte Brot

la **technologie (techno)** [latɛknɔlɔʒi] Technik → 3/D

la **télé** [latele] *fam., ou* la **télévision** [latelevizjɔ̃] der Fernseher → 2/A

le **temps** [lətɑ̃] die Zeit → 2/T; **avoir le temps** [avwaʀlətɑ̃] Zeit haben → 2/T

le **tennis** [lətenis] Tennis → 2/A **Terminez votre travail.** [tɛʀminevɔtʀətʀavaj] Beendet eure Arbeit!, Beenden Sie Ihre Arbeit → MC

le **texto** [lətɛksto] die SMS

le **timbre** [lətɛ̃bʀ] die Briefmarke **toi** [twa] du, dir *betont*; **À toi.** [atwa] Du bist dran.

les **toilettes** [letwalɛt] *f. pl.* die Toilette

la **tomate** [latɔmat] die Tomate → 4/A

la **tortue** [latɔʀty] die Schildkröte **toujours** [tuʒuʀ] immer, immer noch; **comme toujours** [kɔmtuʒuʀ] wie immer

la **tour** [latuʀ] der Turm

le **tour en bateau** [lətuʀɑ̃bato] die Bootstour → ME

le **tour en bus** [lətuʀɑ̃bys] die Stadtrundfahrt (mit dem Bus) → ME **tout de suite** [tutsɥit] sofort → MD

le **transparent** [lətʀɑ̃spaʀɑ̃] die Folie → MC

le **travail** [lətʀavaj] die Arbeit → 4/T **travailler** [tʀavaje] arbeiten

trop de qc [tʀodə] zu viel/zu viele
→ 4/T

la **trousse** [latʀus] die Federtasche,
das Mäppchen

le **truc** [lətʀyk] *fam.* die Sache, das
Ding → ME

Tu as quel âge? [tyakɛlɑʒ] Wie alt
bist du?; **Tu habites où?** [tyabitu]
Wo wohnst du?; **tu me passes**
[tyməpɑs] + *Nomen* gibst du mir,
reichst du mir etw.; **tu m'énerves**
[tymenɛʀv] du nervst mich; **Tu
peux épeler, s'il te plaît?**
[typøepəlesiltəplɛ] Kannst du bitte
buchstabieren?

Tu peux écrire le sujet au tableau?
[typøekʀiʀləsyʒɛotablo] Kannst du
das Thema an die Tafel schreiben?
→ ME

tu voudrais [tyvudʀɛ] + *inf.*
du möchtest, du würdest gern
→ 1/D

U

utiliser qc [ytilize] etw. benutzen
→ 3/T

V

le **vendeur**/la **vendeuse**
[ləvãdœʀ/lavãdøz] der Verkäufer /
die Verkäuferin → 4/D

vendredi [vãdʀədi] Freitag, am
Freitag → 1/A

Viens au tableau. [vjẽotablo]
Komm an die Tafel. → MC

la **ville** [lavil] die Stadt → ME

visiter qc [vizite] etw. besichtigen
→ 5/T

Vive Paris! [vivpaʀi] Es lebe Paris!
→ 5/T

le **vocabulaire** [ləvɔkabylɛʀ] der
Wortschatz

voilà [vwala] da ist / da sind, das
ist /das sind

le **volley** [ləvɔlɛ] Volleyball

vouloir qc [vulwaʀ] etw. wollen
Konjugation S. 126 → 4/T

Vous pouvez me donner ...?
[vupuvemədɔne] + *Nomen* Können
Sie/Könnt ihr mir ... geben? → MC

Vous pouvez venir, s'il vous plaît?
[vupuveveniʀsilvuplɛ] Können Sie /
Könnt ihr bitte (mal) kommen?
→ MC

le **VTT**/les **VTT** *pl.* [ləvetete/levetete]
das Mountainbike

W

le **week-end** [ləwikɛnd] das Wochenende, am Wochenende → 1/D

Y

le **yaourt** [ləja'uʀt] der Joghurt → 4/A

Youpi! ['jupi] Juhu! → 5/T

Z

le **zéro** [ləzeʀo] die Null → 2/D

Zut! [zyt] Verflixt!, Mist!

LISTE ALPHABÉTIQUE ALLEMAND-FRANÇAIS | DEUTSCH-FRANZÖSISCHE WORTLISTE

Hier findest du alle Wörter, die du in *À toi!1B* neu lernst, sowie alle Wörter, die du aus *À toi! 1A* bereits kennst. Die Angabe hinter dem Pfeil (→) verweist auf die Unité oder das Modul, in der die Vokabel zum ersten Mal vorkommt: → 2/A = Unité 2/Approches, → 2/D = Unité 2/Dialogue modèle, → 2/T = Unité 2/Texte, → MA = Module A. Verben mit unregelmäßiger oder besonderer Konjugation sind rot hervorgehoben. Die Konjugation der Verben findest du auf der Seite 126.

A

Abendessen le dîner → 4/T
aber mais
Achtung! Attention! → MD
Adresse l'adresse *f.*
Allee l'avenue *f.*
Alles Gute zum Geburtstag! Joyeux anniversaire! → 1/T
alles Liebe amicalement → ME
Alphabet l'alphabet *m.*
als comme → 4/T
also alors
Alter l'âge *m.*
anfangen commencer → MC
anhören (etw.) écouter qn/qc
ankommen arriver → 1/T
anmachen (etw.), einschalten (etw.) allumer qc → MC
ansehen (etw.) regarder qc
Antwort la réponse → 3/T
Antwortet! / Antworten Sie! Répondez.
Apfel la pomme → 4/A
Apfelsaft le jus de pomme → MD
Apfelsine l'orange *f.* → 4/A
April avril → 1/A
Aprilscherz le poisson d'avril → MA
Arbeit le travail → 4/T
arbeiten travailler
Armbanduhr la montre → 3/T
Atlas l'atlas *m.* → 3/T
auch aussi; **ich auch nicht** moi non plus
auf sur
Auf Wiedersehen. Au revoir.
Aufführung le spectacle → 5/T
aufräumen (etw.) ranger qc
aufschreiben (etw.) noter qc → 3/T
Aufsichtsperson *in Schulen* le surveillant / la surveillante
August août → 1/A
aus *(Ortsname)* **sein** être de
austeilen (etw.) distribuer qc → MC

B

Bäckerei la boulangerie
Badezimmer la salle de bains
Baguettebrot la baguette
Banane la banane → 4/A
Basketball le basket
Bedient euch! / Bedienen Sie sich! Servez-vous!
Beeil dich! Dépêche-toi.
Beendet eure Arbeit!, Beenden Sie Ihre Arbeit! Terminez votre travail. → MC
beginnen commencer → MC
bei chez; **bei ihr** chez elle → 1/T
beim Essen à table
(belegtes) Brot la tartine
bemalte Wand le mur peint
benutzen (etw.) utiliser qc → 3/T
bereit prêt/e → 4/T
bereits déjà → 1/T
besichtigen (etw.) visiter qc → 5/T
Bett le lit
Beutel le sachet → 4/A
Biologie les SVT (les Sciences de la vie et de la terre) *f. pl.* → 3/D
bis bald à bientôt → ME; **Bis bald!** À plus!
bitte *für mehrere Personen oder eine Person, die du siezt* s'il vous plaît; **bitte** *für Personen, die du duzt* s'il te plaît
Blatt la feuille → 3/T, → MC
Bonbon le bonbon → 4/A
Boot le bateau / les bateaux *pl.* → ME
Bootstour le tour en bateau → ME
Briefmarke le timbre
Brioche la brioche
Bruder le frère
Buch le livre
Buchhandlung la librairie
Bus le bus
Butter le beurre → 4/A
(Butter-)Brot la tartine

C

Café le café → MD
CD le CD / les CD *pl.*
Cent le centime
chatten chatter → 2/A
Cola le coca / les coca → 4/D, → MD
Comic la bédé
Computer l'ordinateur *m.*
Cousin/Cousine le cousin / la cousine
Croissant le croissant

D

da là; **da ist / da sind** voilà
danke merci
Darf ich auf die Toilette gehen? Je peux aller aux toilettes?
Darf ich mich neben (Name) setzen? Je peux me mettre à côté de …? + *Name* → MC
das ça; **Das geht klar.** C'est dans la poche. *fam.*; **das heißt auf Französisch** en français, c'est; **das macht** ça fait + *Preisangabe*; **Das riecht gut!** Ça sent bon.; **das sind** ce sont; **das ist** c'est; **das ist / das sind** voilà; **Das ist alles.** C'est tout.; **Das ist blöd.** C'est bête. → 1/D; **Das ist furchtbar!** C'est l'horreur!; **Das ist hübsch.** C'est joli. → 1/T; **Das ist lecker!** C'est bon!; **Das ist nicht möglich.** Ce n'est pas possible. → 1/T; **Das ist perfekt!** C'est nickel! *fam.* → 3/D; **Das ist schrecklich!** C'est la cata! *fam.* → 3/D; **Das ist teuer!** C'est cher! → 4/T, **Das ist doof!** C'est nul! *fam.* → 3/D
Das war genial! C'était génial! → ME
Das war toll! → ME
Das Wetter ist (super) schön. Il fait (super) beau. → ME
Das Wetter ist nicht sehr gut. Il ne fait pas très beau. → ME
deutsch allemand

Deutsch l'allemand *m.* → 3/D; **auf Deutsch** en allemand
Deutsch sprechen parler allemand; **in Deutschland** en Allemagne
Dezember décembre → 1/A
Dienstag, am Dienstag mardi → 1/A
Ding le truc *fam.* → ME
dir *betont* toi
Donnerstag, am Donnerstag jeudi → 1/A
dort là
Dreikönigskuchen la galette des Rois → MA
du *betont* toi
Du bist dran. À toi.
du möchtest, du würdest gern tu voudrais + *inf.* → 1/D
du nervst mich tu m'énerves
Durst la soif → 4/A; **Durst haben** avoir soif → 4/A
DVD le DVD / les DVD *pl.*

E

Ehefrau la femme → MB
Ehemann le mari → MB
Ei l'œuf *m.* / les œufs *pl.* → 4/A
ein bisschen un peu
ein wenig, un peu de qc → 4/A
einfach fastoche *fam.*
einkaufen faire du shopping → 5/T
einladen (jdn) inviter qn → 1/T
einverstanden d'accord; **einverstanden sein** être d'accord → 1/D
Eis la glace → 4/D; **Schokoladen-Vanilleeis** la glace vanille-chocolat → 4/D
Eltern les parents *m. pl.*
Englisch l'anglais *m.* → 3/D
Enkel le petit-fils → MB
Enkelin la petite-fille → MB
Entschuldigt! / Entschuldigen Sie! Excusez-moi.
Entschuldigung! Pardon!
Entschuldigungszettel le mot d'excuse → 3/T
Erdkunde la géographie → 3/D
erste/r le premier / la première → 1/A
es gibt il y a
es ist c'est; **Es ist acht Uhr.** Il est huit heures. → 3/A; **Es ist Mittwoch.** C'est mercredi. → 2/T
Es ist heiß. Il fait chaud. → ME
Es ist kalt. Il fait froid. → ME

Es lebe Paris! Vive Paris! → 5/T
Es regnet. Il pleut. → ME
Es tut mir leid! Je suis désolé! / Je suis désolée! → MD
Es war lustig/gut/zu gut. C'était drôle/bon/trop bon. → ME
Es war nicht lustig/nicht gut. Ce n'était pas drôle/pas bon. → ME
essen (etw.) manger qc
Euro l'euro *m.*
Exfrau l'ex-femme *f.* → MB
Exmann l'ex-mari *m.* → MB

F

Familie la famille
Februar février → 1/A
Federtasche la trousse
Fehler la faute → 3/T
Feier la fête → 1/A; **feiern** faire la fête → 1/T
Fenster la fenêtre
fernsehen regarder la télé → 2/A
Fernseher la télé *fam.*, la télévision → 2/A
fertig prêt/e → 4/T
Feuerwerk le feu d'artifice → MA
Filzstift le feutre → MC
Flasche la bouteille → 4/A
Flur le couloir
Folie le transparent → MC
Foto la photo
Frage la question
Französisch le français; **französisch** français; **auf Französisch** en français; **Französisch sprechen** parler français; **Französischlehrer/in** le/la prof de français; **Klassenraumfranzösisch** le français en classe
Frau la femme → MB
Freitag, am Freitag vendredi → 1/A
Freund/in l'ami *m.* / l'amie *f.*, le copain / la copine *fam.*
Frucht le fruit → 4/A
funktionieren marcher → 3/T
für pour → 1/D; **für mich** pour moi
Fuß le pied
Fußball le foot; **Fußballverein** le club de foot
Fußball spielen jouer au foot → 1/D

G

Geburtstag l'anniversaire *m.* → 1/A; **Alles Gute zum Geburtstag!** Joyeux anniversaire! → 1/T
gehen aller → 2/T, marcher → 3/T; **gehen (zu jdm)** aller chez qn → 3/T, passer chez qn → 2/D
Geht zurück auf eure Plätze!, Gehen Sie zurück auf Ihre Plätze! Retournez à vos places. → MC
Geld l'argent *m.* → 4/T
Gemüse les légumes → 4/T
Gemüse-Quiche la quiche aux légumes → 4/T
genial génial *adj. fam.* → 1/D
genügend assez de qc → 4/T
Geografie la géographie → 3/D
Geschäft le magasin
Geschenk le cadeau / les cadeaux *pl.* → 1/T; **Geschenke bringen** apporter les cadeaux → MA
Geschichte, Erzählung l'histoire *f.* → 3/D
Geschwister des frères et sœurs
gestern hier → ME
Getränk la boisson → MD
gibst du mir tu me passes + *Nomen*
Glas (Marmelade) le pot (+ de confiture) → 4/A
Glocke la cloche → MA
Glück la chance → ME; **Glück haben** avoir de la chance → ME
glücklich content/e → 4/T
großartig formidable *adj.* → 4/T
Großeltern les grands-parents *m. pl.*
Großmutter la grand-mère / les grands-mères *pl.*
Großvater le grand-père / les grands-pères *pl.*
Gruppe le groupe → MC
gut bien *adv.*; **(Mir geht es) gut.** Ça va.
Guten Appetit! Bon app'! *fam.*, Bon appétit!
Guten Morgen! Guten Tag! Bonjour!

H

haben (etw.) avoir qc; **ich habe etw. nicht** je n'ai pas + *Nomen*; **ich habe meinen/meine/mein ... nicht** je n'ai pas mon/ma/mes
Hähnchen le poulet → 4/T
halb demi/e → 3/A
Hallo! Salut!; **Hallo?** *am Telefon* Allô?

Hamster le hamster

Handy le portable

Haus la maison → 4/T

Hausaufgaben les devoirs *m. pl.*, → 1/T

Heft le cahier

Heiligabend le réveillon (de Noël) → MA

Heilige Drei Könige la fête des Rois → MA

heute aujourd'hui → 2/T; **heute Abend** ce soir

hier ici → 1/T

hineingehen entrer → 3/T

hinter derrière

Hip Hop le hip-hop → 5/T

Hobby le hobby / les hobbys *pl.*

Hochhaus la tour

Hof la cour

Hotel l'hôtel *m.*

Hund le chien

Hunger la faim → 4/A; **Hunger haben** avoir faim → 4/A

I

ich *betont* moi; **ich auch** moi aussi; **ich auch nicht** moi non plus

ich bin moi, c'est + *Name*; **Ich bin elf Jahre alt.** J'ai onze ans.; **Ich bin zu spät.** Je suis en retard.

ich finde jdn/etw. toll j'adore + *Nomen*

ich hasse jdn/etw. je déteste + *Nomen*

ich heiße je m'appelle; **Wie heißt du?** Tu t'appelles comment?

ich liebe jdn/etw. j'aime + *Nomen*

ich mag jdn/etw.; **ich mag jdn/etw. gerne** j'aime bien + *Nomen*; **ich mag jdn/etw. nicht** je n'aime pas + *Nomen*; **ich mag jdn/etw. nicht besonders** je n'aime pas trop + *Nomen*; **ich mag jdn/ etw. sehr** j'adore + *Nomen*, j'aime beaucoup + *Nomen*

ich möchte, ich würde gern je voudrais + *inf.* → 1/D; **ich möchte etw.** je voudrais + *Nomen*

Ich verstehe nicht. Je ne comprends pas.

Ich weiß nicht. Je ne sais pas.

ich wiederhole je répète → 2/D

Idee l'idée *f.* → 1/D

immer toujours; **wie immer** comme toujours

immer noch toujours

in à, dans, en; **in der sechsten Klasse** en sixième; **in Deutschland** en Allemagne

in der Nähe von près de

in Gruppen en groupe → MC

Innenstadt le centre-ville → ME

Internet Internet → 2/T; **Internetcafé** le cybercafé

J

ja oui

Jahr l'an *m.*

Januar janvier → 1/A

jdn grüßen lassen donner le bonjour à qn → ME

jetzt maintenant

Joghurt le yaourt → 4/A

Jugendliche les jeunes *m./f. pl.*

Juhu! Youpi! → 5/T

Juli juillet → 1/A; **im Juli** en juillet → 2/T

Junge le garçon

Juni juin → 1/A

K

Kaffee le café → MD

Kann ich mir die Hände waschen? Je peux me laver les mains? → MC

Kannst du bitte buchstabieren? Tu peux épeler, s'il te plaît?

Kantine la cantine → 3/A

Karneval, Fasching le carnaval → MA

Käse le fromage → 4/A

Katze le chat

kaufen (etw.) acheter qc → 4/T

Kaugummi le chewing-gum / les chewing-gums *pl.*

kein/keine ne ... pas de → 4/T

Kerze la bougie → 1/T

Kilo le kilo → 4/A

Kind l'enfant *m./f.*

Kino le cinéma

Kiosk le bureau de tabac

klar bien sûr

Klasse la classe; **im Klassenzimmer** en classe; **in der sechsten Klasse** en sixième; **Klassenzimmer** la salle de classe

Klassenarbeit l'interro *f. fam.*, ou l'interrogation *f.* → 3/T

Klassenzimmer la classe

auf den Rücken der Leute kleben coller dans le dos des gens → MA

klingeln sonner → 2/T

Klub le club

kochen faire la cuisine → 2/A

Komm an die Tafel. Viens au tableau. → MC

kommen arriver → 1/T

Konfitüre la confiture → 4/A

der König/die Königin le roi / la reine → MA

können (etw.) pouvoir qc → 3/T

Können Sie / Könnt ihr bitte (mal) kommen? Vous pouvez venir, s'il vous plaît? → MC

Können Sie das bitte wiederholen? Vous pouvez répéter, s'il vous plaît?

Können Sie/Könnt ihr mir ... geben? Vous pouvez me donner ...? + *Nomen* → MC

Konsole la console

Konzert le concert → 5/T

korrigieren (etw.) corriger qc → 3/T

kosten (etw.) coûter qc → 4/T; **Wie viel kosten sie?** Combien est-ce qu'ils coûtent? → 4/T

krank il/elle est malade → MC

Krankenstation l'infirmerie *f.* → 3/A

Kreide la craie

Küche la cuisine

Kuchen le gâteau / les gâteaux *pl.* → 1/T; **Kuchen backen** faire un gâteau → 1/T

Kuckuck! Coucou!

Kühlschrank le frigo *fam.* → 4/A

Kunst les arts plastiques *m. pl.* → 3/D

Kürbis la citrouille → MA

Kurs le cours, le stage → 2/T

Kuß, Küßchen le bisou → ME

Küßchen bisous *m. pl.* → ME

L

Lehrer/in le/la prof *fam.*, le/la professeur

Lehrerzimmer la salle des professeurs → 3/A

leicht fastoche *fam.*

Lest! / Lesen Sie! Lisez.

Licht la lumière → MC

liebe Grüße bisous *m. pl.* → ME

liebe Grüße, sei umarmt je t'embrasse → ME

lieber/liebe cher/chère *adj.* → ME

links à gauche; **links (von jdm/etw.)** à gauche (de qn/qc)

Liter le litre → 4/A

M

machen (etw.) *faire qc* → 1/T
Macht auf! / Machen Sie auf! Ouvrez.
Macht zu! / Machen Sie zu! Fermez.
Mädchen la fille
Mai mai → 1/A
Mal la fois → MD; **viermal** quatre fois → MD
Mama maman
man kann on peut → MC
Manga le manga
Mann le mari → MB
Mäppchen la trousse
Marmelade la confiture → 4/A
März mars → 1/A; **am 21. März** le 21 mars → 1/A
Mathe, Mathematik les maths *f. pl. fam.* → 3/D
Mauer le mur
Mediathek la médiathèque
Meerschweinchen le cochon d'Inde
Menü le menu → MD; **Menü für fünfzehn Euro** le menu à quinze euros → MD
Milch le lait → 4/A
Milchkaffee le café crème → MD
Mineralwasser l'eau minérale *f.* → 4/A
minus moins → 3/A
Minute la minute → 3/T
mir *betont* moi
Mir ist kalt. J'ai froid. → MC
Mist! Zut!
mit avec; **mit mir** avec moi → 1/T
mitbringen (etw.) apporter qc → 1/T
mittags (12 Uhr) midi → 3/A
Mittwoch, am Mittwoch mercredi → 1/A; **Es ist Mittwoch.** C'est mercredi. → 2/T
mögen (jdn/etw.) aimer qn/qc → 2/A; **Was magst du nicht?** Qu'est-ce que tu n'aimes pas?; **Was magst du?** Qu'est-ce que tu aimes?
Das ist nicht möglich. Ce n'cst pas possible. → 1/T
Montag, am Montag lundi → 1/A; **montags** le lundi → 3/D
morgen demain → 5/T
Mountainbike le VTT / les VTT *pl.*
MP3-Player le lecteur mp3
Museum le musée → 5/T
Musik la musique, → 3/D
Mutter la mère

N

Na ja. Bof! *fam.*
Na und? Et alors? → 1/D
nach *zeitlich*, **danach** *zeitlich* après
nach Hause à la maison → 4/T
nach Hause gehen rentrer
Nachmittag, am Nachmittag l'après-midi *m.* → 2/T
Nachricht le message → 4/T
nachsehen regarder
Nacht, nachts la nuit
Nachtisch le dessert → 4/T
Name le nom
Nationalfeiertag la fête nationale → MA
Natur la nature → 2/A
natürlich bien sûr
neben jdm/etw. à côté de qn/qc
nebenan à côté
nehmen (etw.) *prendre qc* → MD
Nehmt euch! / Nehmen Sie sich! Servez-vous!
nein non
nett sympa *fam. adj.*, sympathique *adj.*
noch encore; **Noch etwas?** Et avec ça?
noch nicht ne ... pas encore → 2/T
November novembre → 1/A
Null le zéro → 2/D
Nummer le numéro, → 1/T; **wählen (jds Nummer)** faire le numéro de qn → 1/T

O

Obst les fruits *m. pl.* → 4/A
oder ou → 1/T; **Oder?** Non?
Öffnet! / Öffnen Sie! Ouvrez.
oft souvent
Oktober octobre → 1/A
Oma mamie → MB, → ME
Onkel l'oncle *m.*
Opa papi → MB
Orange l'orange *f.* → 4/A
Orangensaft le jus d'orange → 4/A
organisieren (etw.) organiser qc → 1/A
Ostern Pâques *f. pl.* → MA

P

seine Tasche packen faire son sac → 5/T
Papa papa
Park le parc
Party la fête → 1/A
Pause la récré *fam.*, la récréation
PC l'ordinateur *m.*
Pferd le cheval / les chevaux *pl.* → 2/A
Physik la physique → 3/D
Pizza la pizza → 1/D
Planet la planète → 3/A
Platz la place → 5/T
Pommes frites les frites *f. pl.* → 4/T
Poster l'affiche *f.*, le poster
Postkarte la carte postale
Präsentation la présentation → MC
Problem le problème → 1/D
PS *Nachtrag in Brief oder E-Mail* P.-S.

Q

Quad le quad → 2/T
Quiche la quiche → 4/T

R

Rap le rap
Rechnung l'addition *f.* → MD
rechts à droite; **rechts (von jdm/etw.)** à droite (de qn/qc)
reden parler
Referat l'exposé *m.* → 2/T
Regal l'étagère *f.*
reichst du mir tu me passes + *Nomen*
richtig c'est ça → 2/D
Rucksack le sac à dos

S

Sache le truc *fam.* → ME
Salat la salade
Samstag, am Samstag samedi → 1/A
Sandwich le sandwich → 4/D
Satz la phrase
Schachtel la boîte
Schiff le bateau / les bateaux *pl.* → ME
Schildkröte la tortue
Schinken le jambon → 4/D
Schlafzimmer la chambre
schließen (etw.) fermer (qc) → MC
Schließt! / Schließen Sie! Fermez.
Schlittschuhlaufen le patinage
Schlüssel la clé
den Weihnachtsbaum und das Haus schmücken décorer le sapin et la maison → MA

Schokocroissant le pain au chocolat

Schokoladeneier les œufs en chocolat → MA

Schokoladeneis la glace au chocolat → 4/D

schon déjà → 1/T

Schrank l'armoire *f.*

Schreibtisch le bureau / les bureaux *pl.*

Schulanfang la rentrée

pädagogische/r Schulbetreuer/in le/la CPE → 3/T

Schule l'école *f.* → 2/T

Schüler/in l'élève *m./f.*

Schulhof la cour

Schwester la sœur

Schwimmbad la piscine → 2/D

sechste Klasse la sixième

sehr mögen (jdn/etw.) adorer qn/qc → 2/A

sein être; **aus** *(Ortsname)* **sein** être de

Seite la page

Sekretariat le secrétariat → 3/A

September septembre → 1/A

shoppen faire du shopping → 5/T

sich Zeit lassen prendre son temps → MD

siebte Klasse la cinquième

Sylvester le réveillon (de la Saint-Sylvestre) → MA

singen chanter

Skateboardfahren, Skateboard le skate → 2/A; **Skatepark** le roller parc

SMS le texto

sofort tout de suite → MD

sogar même

Sohn le fils

Sonntag, am Sonntag dimanche → 1/A

Spaghetti les spaghettis *m. pl.* → 2/A

Spiegel le miroir

Spielkonsole la console

Sport l'EPS (l'éducation physique et sportive) → 3/D, le sport; **Sporttasche** le sac de sport

sprechen parler; **Sprecht nach! / Sprechen Sie nach!** Répétez.; **Sprich lauter!** Parle plus fort!

Stadion le stade

Stadt la ville → ME

Stadtrundfahrt (mit dem Bus) le tour en bus → ME

Stiefmutter la belle-mère → MB

Stiefvater le beau-père → MB

Stift le stylo

Straße la rue

Stuhl la chaise

Stunde l'heure *f.* → 2/D

Stundenplan l'emploi du temps → 3/D

suchen (etw.) chercher qc

Super! Super! *fam.*

Supermarkt le supermarché

supernett, sehr sympathisch super sympa *adj. fam.*

surfen surfer → 2/T

sympathisch sympa *fam. adj.*, sympathique *adj.*

T

Tafel le tableau / les tableaux

Tag le jour → 3/D

die Tanne le sapin → MA

Tante la tante

Tanzen, Tanz la danse

tanzen danser → 1/D

Tasche la poche, le sac

Technik la technologie (techno) → 3/D

Tennis le tennis → 2/A

Test l'interro *f. fam.* → 3/T; **unangekündigter Test** l'interro-surprise *f. fam.* → 3/T

Thema le sujet → MC

Tier l'animal *m.* / les animaux *pl.*

Tisch la table

Tischtennis le ping-pong

Tochter la fille

Toilette les toilettes *f. pl.*

toll génial *adj. fam.* → 1/D, formidable *adj.* → 4/T

Tomate la tomate → 4/A

träumen rêver → 1/T

trotzdem quand même → 2/T

Tschüss! Salut!

Tür la porte

Turm la tour

Turnhalle le gymnase → 3/A

Tüte le sachet → 4/A

U

U-Bahn le métro

Überraschung la surprise → 1/T; **Überraschungsparty** la fête-surprise → 1/T

Armbanduhr la montre → 3/T

Um wie viel Uhr? À quelle heure? → 2/D; **um zehn Uhr** à dix heures; **Wie spät ist**

es? Il est quelle heure? → 3/A

und et; **Und dir?** Et toi?; **Und Sie?**; **Und ihr?** Et vous?

unter sous

Unterricht le cours; **Unterricht haben** avoir cours

V

Vanilleeis la glace à la vanille → 4/D

Vater le père

verbringen (etw.) passer qc → 5/T

Verein le club; **Fußballverein** le club de foot

Verflixt! Zut!

Verkäufer/in le vendeur / la vendeuse → 4/D

verstehen (jdn/etw.) comprendre qn/qc → MD

verteilen (etw.) distribuer qc → MC

Verzeihung! Pardon!

Videospiel le jeu vidéo / les jeux vidéo *pl.*

viel/viele beaucoup de qc → 4/A

viele plein de *fam.* → ME

vielleicht peut-être → 1/D

viermal quatre fois → MD

Viertel, Viertelstunde le quart → 3/A; **Viertel** *Stadtviertel* le quartier

Volleyball le volley

von de; **20 von 20 (Punkten)** 20 sur 20 → 3/T

vor *räumlich* devant; **vor** *zeitlich* moins → 3/A

vorbeigehen (bei etw.) passer par qc

vorbeikommen (bei jdm) passer chez qn → 2/D

vorbereiten (etw.) préparer qc → 2/T

Vorführung le spectacle → 5/T

vorher, zuerst d'abord → 2/D

Vorsicht! Attention! → MD

Vortrag l'exposé *m.* → 2/T

W

wählen (jds Nummer) faire le numéro de qn → 1/T

Wand le mur; **bemalte Wand** le mur peint

wann quand → 1/A

warum pourquoi → 3/T

was qu'est-ce que *Fragewort*; **Was gibt es?** Qu'est-ce qu'il y a?; **Was ist das?** Qu'est-ce que c'est?; **Was magst du nicht?** Qu'est-ce que tu n'aimes pas?;

Was magst du? Qu'est-ce que tu aimes?
Was für ein Glück! Quelle chance!
→ 3/D
Wasser l'eau *f.* → 4/A
Weihnachten Noël → MA
der Weihnachtsbaum le sapin → MA
Weihnachtsmann le père Noël → MA
weil parce que → 3/T
Wellensittich la perruche
Welt la planète → 3/A
wer qui; **Wer ist das?** C'est qui?
wie comme; **wie** *Fragewort* comment
(est-ce que); **Wie alt bist du?** Tu as quel
âge?; **Wie geht's?** Ça va?, Comment ça
va?; **wie immer** comme toujours; **wie
sagt man** comment est-ce qu'on dit
wie viel/wie viele combien (est-ce que)
→ 4/T; **Wie viel kostet das?** Ça fait combien?; **Wie viel kosten sie?** Combien
est-ce qu'ils coûtent? → 4/T
Wiederholt!/Wiederholen Sie! Répétez.

wir haben (etw.) gemacht on a fait qc
→ ME
wir können on peut → MC
Wir sind fertig. Nous avons terminé.
→ MC
Wir sind zu dritt. On est trois. → MC
wo où; **Wo ist das?** C'est où?; **Wo
wohnst du?** Tu habites où?
Woche la semaine → 2/T
Wochenende, am Wochenende
le week-end → 1/D
Woher kommst du? Tu es d'où?
wohin où
wohnen habiter; **Wo wohnst du?**
Tu habites où?
Wohnung l'appartement *m.*
Wohnzimmer le salon
wollen (etw.) vouloir qc → 4/T
Workshop le stage → 2/T
Wort le mot
Wortschatz le vocabulaire

Z

zeichnen (etw.) dessiner qc → 2/A
Zeit le temps → 2/T; **sich Zeit lassen**
prendre son temps → MD; **Zeit haben**
avoir le temps → 2/T
Zeitschrift le magazine
Zeitung le journal / les journaux *pl.*
Zimmer la chambre
zu Fuß à pied
zu Hause à la maison → 4/T
zu spät sein être en retard → 3/T
zu Tisch à table
zu viel/zu viele trop de qc → 4/T
zubereiten (etw.) préparer qc → 2/T
zufrieden content/e → 4/T
zuhören (jdm) écouter qn/qc
zumachen (etw.) fermer (qc) → MC
zusammen ensemble
zwischen entre

Hier hörst du dir alle Sätze an:
www.cornelsen.de/webcodes
Gib folgenden Webcode ein: ATOI-1B-167

Über sich sprechen

Sich vorstellen

Je m'appelle (Nicolas).	Ich heiße (Nicolas).
Moi, c'est (Marie). Et toi?	Ich heiße (Marie). Und du?
Je suis le frère / la sœur de (Maxime).	Ich bin (Maximes) Bruder/Schwester.
Je suis en sixième / en cinquième.	Ich bin in der 6. Klasse / 7. Klasse.
Je suis dans la classe de (Laurine).	Ich bin in (Laurines) Klasse.
Je suis l'ami / l'amie de (Marie).	Ich bin (Maries) Freund/Freundin.
J'ai un frère / une sœur.	Ich habe einen Bruder / eine Schwester.
J'ai (douze) ans.	Ich bin (zwölf) Jahre alt.

LES MOTS POUR LE DIRE

Über den Wohnort Auskunft geben

Je suis de (Levallois).	Ich bin aus (Levallois).
J'habite à (Marseille).	Ich wohne in (Marseille).
J'habite (5, rue Gabriel Péri).	Ich wohne (in der Gabriel-Péri-Straße 5).
Qu'est-ce qu'il y a à (Levallois)?	Was gibt es in (Levallois)?
À (Levallois), il y a (un stade).	In (Levallois) gibt es (ein Stadion).
Dans le quartier, il y a (un collège).	Im Viertel gibt es (ein Collège).
C'est où?	Wo ist das?
C'est à côté.	Das ist nebenan.
(Le cinéma) est entre (le métro) et (la Seine).	(Das Kino) ist zwischen (der U-Bahn) und (der Seine).

Die Familie vorstellen

Voilà (ma famille).	Da/Das ist (meine Familie).
C'est (mon père). Il est prof.	Das ist (mein Vater). Er ist Lehrer.
Ce sont (mes grands-parents).	Das sind (meine Großeltern).
(Olivier) est le frère de mon père.	(Olivier) ist der Bruder meines Vaters.
(Isabelle) est la fille de (Jean).	(Isabelle) ist (Jeans) Tochter.
(Ma mère) travaille dans (une librairie).	(Meine Mutter) arbeitet in (einer Buchhandlung).
J'ai un frère / une sœur.	Ich habe einen Bruder / eine Schwester.
J'ai (un chat). Il s'appelle (Caramel).	Ich habe (eine Katze). Sie heißt (Caramel).
Mes parents sont séparés.	Meine Eltern leben getrennt.
C'est mon beau-père / ma belle-mère.	Das ist mein Stiefvater / meine Stiefmutter.

Module C

Über Hobbys und Vorlieben sprechen

Qu'est-ce que tu aimes?	Was magst du?
Qu'est-ce que tu n'aimes pas?	Was magst du nicht?
J'aime / J'adore (le sport).	Ich mag / Ich liebe (Sport).
Je n'aime pas (le rap).	Ich mag keinen (Rap).
Je déteste (les devoirs).	Ich hasse (Hausaufgaben).
Moi, j'aime (le VTT).	Ich fahre gern (Mountainbike).
J'aime / J'adore (dessiner).	Ich (zeichne) gern / sehr gern.
Je n'aime pas (chanter).	Ich (singe) nicht gern.
Mon hobby, c'est (le cheval).	Mein Hobby ist (Reiten).

Unité 2

Über die Schule sprechen

Unité 3

Notre collège c'est (le collège Jean Jaurès).	Unsere Schule ist (die Jean-Jaurès-Schule).
Nos profs sont sympa.	Unsere Lehrer sind nett.
Dans notre collège, il y a (un CDI).	Unsere Schule hat (ein CDI).

Mit anderen sprechen

Sich begrüßen und verabschieden

Salut, (Anissa)!	Hallo (Anissa)!
Bonjour, madame/monsieur.	Guten Tag.
Salut, (Anissa)!	Tschüss (Anissa)!
Au revoir, madame/monsieur.	Auf Wiedersehen.
Ça va?	Wie geht es dir?
Oui, ça va. Et toi?	Gut. Und dir?
Allô, c'est moi!	Hallo, ich bin es! *am Telefon*
Allô, c'est (Max)/(Anna).	Hallo, hier ist (Max)/(Anna). *am Telefon*

Sich kennenlernen

Tu t'appelles comment?	Wie heißt du?
Tu es de (Paris)?	Bist du aus (Paris)?
Vous êtes de (Levallois)?	Seid ihr / Sind Sie aus (Levallois)?
Tu habites où?	Wo wohnst du?
Vous habitez où?	Wo wohnt ihr? / Wo wohnen Sie?
Tu parles (français)?	Sprichst du (Französisch)?
Je parle bien (français).	Ich spreche gut (Französisch).
Je parle un peu (français).	Ich spreche ein bisschen (Französisch).
Tu as quel âge?	Wie alt bist du?
Tu as des animaux?	Hast du Tiere?
J'ai (deux) animaux:	Ich habe (zwei) Tiere:
(un cochon d'Inde) et (une perruche).	(ein Meerschweinchen) und (einen Wellensittich).
Tu as des frères et sœurs?	Hast du Geschwister?
C'est ton père / ta mère?	Ist das dein Vater / deine Mutter?
C'est mon père / ma mère.	Das ist mein Vater / meine Mutter.
Il/Elle est prof.	Er ist Lehrer. / Sie ist Lehrerin.
Ce sont tes grands-parents?	Sind das deine Großeltern?
Ce sont mes grands-parents.	Das sind meine Großeltern.
(Tom), c'est ton frère?	Ist (Tom) dein Bruder?
Oui, c'est mon frère.	Ja, er ist mein Bruder.
Et votre collège?	Und eure Schule?
Est-ce que vos profs sont sympa?	Sind eure Lehrer nett?
Est-ce que tu aimes (la nature)?	Magst du (die Natur)?

Unité 2

Sich einigen

	Oui, bien sûr.	Ja, natürlich.
Unité 1	Est-ce que tu es / vous êtes d'accord?	Bist du / Seid ihr / Sind Sie einverstanden?
	Oui, je suis / nous sommes d'accord.	Ja, ich bin / wir sind einverstanden.
	Non, je ne suis pas d'accord.	Nein, ich bin nicht einverstanden.
	Je ne sais pas.	Ich weiß nicht.
	C'est possible.	Das ist möglich.
	Ce n'est pas possible.	Das ist nicht möglich.
Unité 2	Moi aussi.	Ich auch.
	Moi non plus.	Ich auch nicht.

Jemanden/Etwas gut oder schlecht finden

	C'est bon!	Das schmeckt gut!
	C'est l'horreur!	Das ist furchtbar!
	Tu m'énerves!	Du nervst.
	Il/Elle est super sympa.	Er/Sie ist total nett.
	C'est sympa.	Das ist nett.
Unité 1	C'est joli, non?	Das ist hübsch, oder?
Unité 2	Pas mal.	Nicht übel.
Unité 3	Ce n'est pas mon jour.	Das ist nicht mein Tag.
Unité 4	Oh non!	Oh nein!
	C'est formidable!	Das ist toll!

Nach dem Grund fragen / Etwas begründen

Unité 1	Je ne sais pas.	Ich weiß nicht.
Unité 3	Pourquoi est-ce que (tu es en retard)?	Warum (bist du zu spät)?
	Parce que (ma montre ne marche pas).	Weil (meine Uhr nicht geht).
	Pourquoi est-ce que (vous ne pouvez pas entrer)?	Warum (könnt ihr nicht hineingehen)?
	Parce que (notre prof n'est pas là).	Weil (unser Lehrer / unsere Lehrerin nicht da ist).
	Pourquoi est-ce que (tu ne peux pas faire l'interro)?	Warum (kannst du die Klassenarbeit nicht mitschreiben)?
	Parce que (je n'ai pas mon atlas).	Weil (ich meinen Atlas nicht habe).
Unité 5	Pourquoi est-ce que (tu fais ton sac)?	Warum (packst du deine Tasche)?
	Parce que (je vais passer le week-end à Paris).	Weil (ich das Wochenende in Paris verbringen werde).

Sich verabreden / Etwas planen

	On passe par (la boulangerie).	Wir gehen bei (der Bäckerei) vorbei.
	On rentre ensemble?	Gehen wir zusammen nach Hause?
	On (mange) ensemble?	Wollen wir zusammen (essen)?
	J'ai cours à (dix heures). Et toi?	Ich habe um (zehn Uhr) Unterricht. Und du?
Unité 2	Qu'est-ce que tu fais aujourd'hui?	Was machst du heute?
	Tu as le temps?	Hast du Zeit?
	Oui, j'ai le temps.	Ja, ich habe Zeit.
	On va (au roller parc)?	Gehen wir (zum Skatepark)?

	Oui. / Non, je vais (au club de foot).	Ja. / Nein, ich gehe (in den Fußballverein).
	Tu passes chez moi?	Kommst du bei mir vorbei?
	À quelle heure?	Um wie viel Uhr?
	À (trois) heures, ça va?	Um (drei) Uhr?
	D'accord.	Einverstanden.
	À plus!	Bis später!
	Je vais (à l'école) / (à la médiathèque).	Ich gehe (in die Schule) / (in die Mediathek).
	On va (au stade) / (aux Deux-Alpes).	Wir gehen (ins Stadion). / Wir fahren nach (les Deux-Alpes).
Unité 5	Qu'est-ce que tu vas faire (ce soir)?	Was machst du (heute Abend)?
	Qu'est-ce que vous allez faire (à Paris)?	Was werdet ihr (in Paris) machen?
	Je vais (passer le week-end à Paris).	Ich werde (das Wochenende in Paris verbringen).
	On va (faire la fête).	Wir werden (feiern).
	On va visiter (le musée du quai Branly).	Wir werden (das Museum am Quai Branly besichtigen).
	Je voudrais (faire du shopping).	Ich möchte (shoppen gehen).

Jemanden zu etwas auffordern

	Parle plus fort!	Sprich lauter!
	Écoute. / Écoutez.	Hör zu! / Hört zu. Hören Sie zu.
	Dépêche-toi!	Beeil dich!
	Range (ta chambre).	Räum (dein Zimmer) auf!
	Mange (ta tartine).	Iss (dein Brot)!
	Regarde dans (ma chambre).	Schau in meinen Zimmer nach!
	Regardez (sous le lit).	Schaut (unter dem Bett) nach!
	Cherchez (les clés).	Sucht (die Schlüssel)!
Unité 2	Regarde les photos.	Schau die Fotos an.
Unité 3	Notez vos réponses sur la feuille.	Schreibt eure Antworten auf das Blatt.
	Corrigez vos fautes, s'il vous plaît.	Korrigiert bitte eure Fehler.

Datum und Uhrzeit angeben / Einen Tagesablauf beschreiben

Unité 1	C'est quand?	Wann?
	C'est le 29 janvier.	Am 29. Januar.
	C'est le 1er mars.	Am 1. März.
	C'est mardi.	Das ist am Dienstag.
Unité 3	Le (lundi), j'ai cours à huit heures.	(Montags) habe ich um acht Uhr Unterricht.
	Le (mardi), je suis toujours (chez ma mère).	(Dienstags) bin ich immer (bei meiner Mutter).
	(Mercredi), je vais au cinéma.	(Am Mittwoch) gehe ich ins Kino.
	(À midi), je mange à la cantine.	(Mittags) esse ich in der Kantine.
	Il est quelle heure?	Wie viel Uhr ist es?
	Il est (huit heures et demie).	Es ist (halb neun).
	La 6e A a cours à (neuf heures moins cinq).	Die Klasse 6A hat um (fünf vor neun Uhr) Unterricht.
	Il/Elle est en retard.	Er/Sie ist zu spät.

Über einen Geburtstag sprechen

Unité 1	C'est quand, ton anniversaire?	Wann hast du Geburtstag?
	Mon anniversaire, c'est le (21 mars).	Mein Geburtstag ist am (21. März).
	Pour mon anniversaire, je voudrais (des cadeaux).	Ich möchte (Geschenke) zum Geburtstag.
	Je voudrais (inviter mes copains).	Ich möchte (meine Freunde einladen).
	C'est quand, l'anniversaire (de Mehdi)?	Wann ist (Mehdis) Geburtstag?
	Son anniversaire, c'est le (20 août).	Sein Geburtstag ist am (20. August).
	Est-ce qu'il/elle organise une fête?	Macht er/sie eine Party?
	Il/Elle organise une fête-surprise.	Er/Sie organisiert eine Überraschungsparty.
	Il/Elle invite ses copains (jeudi à 17 heures).	Er/Sie lädt seine/ihre Freunde (für Donnerstag 17 Uhr) ein.
	Il/Elle fait (un gâteau).	Er/Sie backt (einen Kuchen).
	Joyeux anniversaire!	Alles Gute zum Geburtstag!

Über Essen und Trinken sprechen

	J'aime bien (les croissants).	Ich esse gerne (Croissants).
	Je n'aime pas (la salade).	Ich mag keinen (Salat).
	Servez-vous.	Bedient euch!
	Bon appétit! / Bon app'!	Guten Appetit!
	Tu me passes (la baguette), s'il te plaît?	Gibst du mir bitte (das Baguettebrot)?
	Ça sent bon!	Das riecht gut!
	Qu'est-ce que c'est?	Was ist das?
	Qu'est-ce qu'il y a?	Was gibt es?
Unité 4	J'ai faim.	Ich habe Hunger.
	J'ai soif.	Ich habe Durst.
	Qu'est-ce qu'il y a dans le frigo?	Was ist im Kühlschrank?
	Je ne veux pas de (quiche aux légumes).	Ich will keine (Gemüse-Quiche).
	Qu'est-ce qu'on fait (comme dessert)?	Was machen wir (als Nachtisch)?
	(La quiche) est prête?	Ist (die Quiche) fertig?
	Le dîner est prêt.	Das Abendessen ist fertig.

Einkaufen

Unité 4	Est-ce que vous pouvez acheter (six œufs), s'il vous plaît?	Könnt ihr bitte (sechs Eier) kaufen?
	Est-ce que vous pouvez faire (une quiche), s'il vous plaît?	Könnt ihr bitte (eine Quiche) machen?
	J'achète (un sachet de frites).	Ich kaufe (einen Beutel Pommes frites).
	Bonjour, je voudrais (deux bananes).	Guten Tag, ich möchte (zwei Bananen).
	Je voudrais aussi un kilo de (pommes).	Ich möchte auch ein Kilo (Äpfel).
	Je voudrais un litre de (lait).	Ich möchte einen Liter (Milch).
	Et avec ça?	Darf es noch etwas sein?
	Ça sera tout?	Ist das alles?

Merci, c'est tout.	Danke, das ist alles.
Ça fait combien?	Wie viel kostet das?
Ça fait (quatorze euros quatre-vingts).	Das macht (14 Euro 80).
C'est cher.	Das ist teuer.
Ce n'est pas cher.	Das ist nicht teuer.

Im Unterricht

Module C

Je peux allumer la lumière?	Kann ich das Licht anmachen?
Je peux fermer la fenêtre?	Kann ich das Fenster zumachen?
Vous avez nos interros?	Haben Sie unsere Klassenarbeiten?
Je peux distribuer les feuilles?	Kann ich die Blätter austeilen?
Je peux me mettre à côté de (Karine)?	Kann ich mich neben (Karine) setzen?
On peut travailler ensemble, (Matthias) et moi?	Dürfen wir zusammen arbeiten, (Matthias) und ich?
Nous avons terminé.	Wir sind fertig.
Vous pouvez me donner (une feuille) et (un stylo)?	Können Sie mir (ein Blatt) und (einen Stift) geben?
Je peux me laver les mains?	Kann ich mir die Hände waschen?
Vous pouvez venir, s'il vous plaît?	Können Sie bitte mal kommen?
Vous pouvez répéter, s'il vous plaît?	Können Sie das bitte wiederholen?
Pardon madame/monsieur, je n'ai pas mon cahier.	Entschuldigen Sie, ich habe mein Heft nicht dabei.
Je peux aller aux toilettes?	Darf ich auf die Toilette gehen?
Je ne comprends pas le mot («Pause»).	Ich verstehe das Wort («Pause») nicht.
Comment est-ce qu'on dit («Pause») en français?	Wie sagt man («Pause») auf Französisch?
Je ne sais pas.	Ich weiß nicht.
(«Pause») en français, c'est («la récré»).	(«Pause») heißt auf Französisch («la récré»).
Tu as / Vous avez des questions?	Hast du / Habt ihr Fragen?
J'ai une question.	Ich habe eine Frage.

Solutions | Lösungen

Unité Révisions

p. 8/2

2   a) Salut! b) Au revoir, madame. c) Au revoir, monsieur.

3   une tortue – un chien – un chat – un hamster

4   je suis, tu es, il/elle/on est, nous sommes, vous êtes, ils/elles sont ; j'ai, tu as, il/elle/on a, nous avons, vous avez, ils/elles ont

5   Ma copine s'appelle … / Mon copain s'appelle …

6   trois, huit, onze, treize, dix-huit, vingt

7   Ça fait combien?

9   le tableau – la craie – la trousse – l'affiche

10 Je peux aller aux toilettes?

11 je cherche, tu cherches, il/elle/on cherche, nous cherchons, vous cherchez, ils/elles cherchent

13 Je voudrais un timbre.

14 a) e [ə], j [ʒi], w [dubləve], h [aʃ], q [ky], y [igʁɛk]

15 Je ne sais pas.

16 Léa est une fille. / Léo est un garçon.

18 a) le frère b) sous c) derrière

19 la librairie

20 la Seine [lasɛn]

21 «Miam, miam.» oder «C'est bon.»

22 Gustave Eiffel

23 le ping-pong – le patinage – le basket

24 à droite – à gauche

Unité 3

p. 63/2 *leur* verwendest du vor Nomen im Singular, *leurs* verwendest du vor Nomen im Plural.

Unité 5

p. 98/2 *Ne* steht vor der konjugierten Form von *aller, pas* steht dahinter. Das Verb im Infinitiv steht immer hinter *pas*. **(Je ne vais pas** *aller à Paris.*)

La chanson du verbe *faire* (p. 19/8)

Je fais, tu fais, il fait, elle fait, on fait, nous faisons, vous faites, ils font, elles font.

Bonjour, Rémy! Je fais mon lit.

Et toi, Marie, tu fais ton lit?

Qu'est-ce qu'il fait, Grégoire? Il fait, il fait ses devoirs.

Bonjour, Rémy! Je fais mon lit.

Et toi, Marie, tu fais ton lit?

Qu'est-ce qu'il fait, Grégoire? Il fait, il fait ses devoirs.

Qu'est-ce qu'elle fait, Anissa?

Je ne sais pas, elle n'est pas là.

Nous avons un cadeau et nous faisons un gâteau.

C'est la fête! Qu'est-ce que vous faites?

C'est la fête! Qu'est-ce que vous faites?

Qu'est-ce qu'elles font, Laurine et Jade?

Elles font, elles font une salade.

Chanson: L'heure, c'est l'heure (p. 54/7)

– Vite, Léonard,
  On est en retard!
  Il est quatre heures et quart.

– Mais non, Constance,
  Ta montre avance.
  On n'est pas en retard
  Et on n'est pas en avance.

– Il est quelle heure?

– Il est quatre heures,
  On est à l'heure.
  À la bonne heure!

Refrain:

Avant l'heure, c'est pas l'heure,

Après l'heure, c'est plus l'heure.

Ne cherche pas midi à 14 heures,

L'heure, c'est l'heure!

À toi! 1B

Lehrwerk für den Französischunterricht an mittleren Schulformen

Im Auftrag des Verlages erarbeitet von:
Gertraud Gregor, Michèle Héloury, Walpurga Herzog, Catherine Jorißen, Alexander Kraus, Catherine Mann-Grabowski, Peter Winz

und der Redaktion Französisch: Julia Goltz (Projektleitung), Iris Gleimann, Sophie Ortiz-Vobis, Monika Schulze, Jana Silckerodt, Verena Simon
Bildassistenz: Brigitte Bandorf, Sabrina Battaglini, Christiane Ulrich

Herausgeber von À toi! 1B: Peter Winz

Didaktische Beratung: Prof. Dr. Jürgen Mertens

Beratende Mitwirkung: Stefanie Ambs (München), Bettina Becht (Edenkoben), Ansgar Behnen (Göttingen), Marlis Bormann (Nauen), Mirjam Friebe (Heidelberg), Ingeborg Höcke (Schulzendorf), Uta Höldin-Kosbab (Villingen), Ines Kaiser (Stuttgart), Annette Kramer (Kassel), Friederike Leist (Tübingen), Ines Lübbecke (Uelzen), Prof. Dr. Christian Minuth (Hirschhorn), Jochen Momberg (Spenge), Tobias Schnitter (Starnberg), Stefanie Schubert (Köln), Birgit Schunke (Bad Kösen), Erika Sonneck (Alfter), Erik Wagner (Saarbrücken), Antje Wolter (Burgwedel)

Gesamtgestaltung und technische Umsetzung: werkstatt für gebrauchsgrafik, Berlin
Illustrationen: Laurent Lalo
Karten: Dr. Volkhart Binder
Filme: buzz production, Paris
Umschlagfoto: © fotosearch (Vordergrund), Pyramide du Louvre, architecte I. M. Pei, musée du Louvre; © Pixtal (Hintergrund)

Begleitmaterial zu À toi! 1B:

Carnet d'activités	ISBN 978-3-06-022433-3
Grammatikheft	ISBN 978-3-06-022429-6
Vokabeltaschenbuch	ISBN 978-3-06-022427-2
Vokabeltrainer	ISBN 978-3-06-024381-5
CD (Audio)	ISBN 978-3-06-022431-9
Schülerbuch-Lehrerfassung mit DVD	ISBN 978-3-06-021300-9
Lehrermaterialien (Handreichungen für den Unterricht, Förder- und Differenzierungsmaterialien)	ISBN 978-3-06-024378-5
Interaktive Tafelbilder	ISBN 978-3-06-021297-2
Schülerbuch als E-Book	ISBN 978-3-06-021176-0

www.cornelsen.de

Die Mediencodes enthalten ausschließlich optionale Unterrichtsmaterialien; sie unterliegen nicht dem staatlichen Zulassungsverfahren.

Soweit in diesem Lehrwerk Personen fotografisch abgebildet sind und ihnen von der Redaktion fiktive Namen, Berufe, Dialoge und Ähnliches zugeordnet oder diese Personen in bestimmte Kontexte gesetzt werden, dienen diese Zuordnungen und Darstellungen ausschließlich der Veranschaulichung und dem besseren Verständnis des Inhalts.

1. Auflage, 6. Druck 2023

Alle Drucke dieser Auflage sind inhaltlich unverändert und können im Unterricht nebeneinander verwendet werden.

Druck: Mohn Media Mohndruck, Gütersloh

ISBN 978-3-06-020121-1